U0044706

星盤上的恆星
星座、月宿與神話

FIXED STARS
IN THE CHART

Constellations,
Lunar Mansions and Mythology

奧斯卡‧霍夫曼 —— 著
Oscar Hofman

巫利 Moli ———— 譯

陳紅穎、馬憶然 —— 審訂

星盤上的恆星
星座、月宿與神話
FIXED STARS IN THE CHART
Constellations, Lunar Mansions and Mythology

作　　　者｜奧斯卡·霍夫曼（Oscar Hofman）
翻　　　譯｜巫利 Moli
審　　　譯｜陳紅穎、馬憶然
編　　　輯｜馬憶然
責任編輯｜李少思

版　　　權｜郜捷
行銷企劃｜李少思
總 編 輯｜韓琦瑩
發 行 人｜韓琦瑩

出　　　版｜星空凝視文化事業有限公司
發　　　行｜星空凝視文化事業有限公司
銀行帳號｜【台灣】玉山銀行 (808) 成功分行收款帳號：0510-940-159890
　　　　　收款戶名：星空凝視文化事業有限公司
　　　　　【大陸】招商銀行上海常德支行收款帳號：6232620213633227
　　　　　收款戶名：魚上文化傳播 (上海) 有限公司
訂購服務｜skygaze.sata@gmail.com
地　　　址｜11049 臺北市信義區莊敬路 186 號
服務信箱｜skygaze.sata@gmail.com

裝幀設計｜米星 Studio 2317424 09@qq.com
印　　　刷｜佳信印刷有限公司
總 經 銷｜星空凝視文化事業有限公司

初　　　版｜2022 年 4 月
定　　　價｜580 元

ISBN 978-986-98985-4-6
有著作權·翻印必究

國家圖書館出版品預行編目（CIP）資料

星盤上的恆星：星座、月宿與神話 / 奧斯卡·霍夫曼 (Oscar Hofman) 著；巫利 (Moli) 譯 . -- 初版 . -- 臺北市：星空凝視文化事業有限公司，2022.04

320 面；15×21 公分

譯自：Fixed stars in the chart : constellations, lunar mansions and mythology

ISBN 978-986-98985-4-6(平裝)

1.CST: 占星術

292.22　　　　　　　　　111003412

目錄

─── •◦●● Contents ●◦• ───

···• 出版序 •···

韓琦瑩

SATA 星空凝視文化事業 發行人

　　《星盤上的恆星》是 SATA 占星學院邁入第七年所推出的第七本書籍，生命靈數「七」代表持續走在追求真理與探究意義的路途上，恰好象徵著 SATA 復興古典知識、推廣占星學的行動。古典知識給了我們奠基於天文學，並有理據的占星學理與法則，但我們仍不忘卻投入占星學的初衷：找尋生命意義，以自覺力活在星盤中。

　　當我選譯 SATA 已出版的第六本書：伊本·伊茲拉所著《智慧的開端》一書時，皆因本書詳盡介紹了古代對黃道十二星座的詮釋和意義，當中甚多篇幅在說明源自天文星座的「外觀」形象與恆星。這對現代讀者來說，帶來十分少見與新奇的內容，但此文獻所留下的外觀形象、恆星位置與性質描述，即使資深譯者梅拉·埃普斯坦老師也仍需藉助其他參考書籍和文獻，如：《恆星的名字：它們的傳說與意涵》等，才能對照出恆星名稱，由此順利完成翻譯，揭秘古代文獻所傳承的知識。

　　此次選譯奧斯卡·霍夫曼老師的《星盤上的恆星——星座、月宿與神話》一書，可說因它是一本傳承自古典的知識寶庫。本書讓現代讀者可愉悅地暢讀，清晰地呈現恆星與行星在天球模型中的不同層

次,同時提供恆星應用的邏輯,甚至透過恆星的神話故事引出靈性的本質。讓我們通過閱讀此書,結合現實生活所遇上的經驗,去探究人性背後深層的精神意義。這也跟我一直倡導的「占星生活實驗室」想法一致:從生活中去實踐星盤的形象開始,去理解自我獨有生命的存在意義,要完成這項人生道途,就需要有「指南手冊」──清楚刻畫出星盤每個元素的存在顯像,而《星盤上的恆星──星座、月宿與神話》一書據此給出了更高更神聖的維度。

···· 中文版作者序 ····

　　2013 年，我的這本關於恆星的書首次以荷蘭語出版並被翻譯成幾種歐洲語言。九年後，這本書也有了中文譯本。本書非常重要，因恆星和它們的星座，以及相關的神話並非占星學解讀中點綴性的補充，而是與此相反——它們是關於天空的古老人文科學基礎，任何認真鑽研西方古典占星學的學子都不應將其忽視。脫離了這些因素，你將可能錯過半數以上星盤所提供的信息。恆星不僅僅適用於本命盤的基本解讀，在預測和擇時占星當中亦發揮它的影響。

　　星空凝視占星學院（SATA）作為一所教授古典占星學的學校，向中文學子們傳播了必不可少的古典占星學知識，在這一點上他們做得非常出色，本書的中文譯本能夠完成也有賴於此。我要感謝他們使這本書可以用這樣的方式與大家見面。願這本書的學習過程，猶如一場令人興奮的探索未知之旅，與此同時，它也將極大程度地充實你的占星解讀及預測方面的能力！

奧斯卡·霍夫曼

2022 年 1 月 寫於荷蘭霍林赫姆

●●● 譯者序 ●●●

生命本是一場神話

巫利

早前整理書架時，無意間發現了一本小學時期購買的書：《希臘神話的故事》。當年互聯網尚未普及，小小年紀對希臘是何處何地一無所知，卻彷如一見鍾情般，在學校不定期舉辦的書展嚷著母親買下來。

希臘神話最神奇之處，在於它一點都不「神」，卻極之「奇」。宙斯作為眾神之首，卻是風流倜儻、到處留情；烏拉諾斯被兒子克羅諾斯閹割……神話人物跟大眾認知中的「神」大相逕庭，有神力，卻不神聖。似乎眾神反映更多的是人類在世俗慾望的驅使下，跟靈性背道而馳，活靈活現地將人類眾生相呈現成引人入勝的傳說。

然而，希臘神話原來跟我們這麼遠、那麼近。作者帶出了神話並不僅僅是傳說或比喻，而是透過形象化的方式，於現代人的生命舞台上演。要探知哪一則神話將會在你我的生命中呈現，本命盤上恆星所涉及的神話將會成為線索，帶領我們探討自己所屬的神話主題。我們必須深入思索神話的表裡意義，才能有充足的智慧去選擇實現神話的道路，圓滿生命的世俗與靈性層面。換言之，每個人的生命都是一則神話，描述著自我創造的歷程。

　　隨著 2020 年 12 月的土木大會合正式開啟風象新世代，資訊科技發展的影響幾乎已達至無遠弗屆的地步。在不久將來，人類或許在「元宇宙」擁有多重身份，令虛擬與真實的界線漸漸糢糊難分。向來在電影才出現的幻想世界彷彿已近在咫尺，那些在上一世代口中的「未來」，也許經已在這世代到來。面對「真亦假時假亦真」，唯有靈性才最真實，亦是人工智能完全融入社會之時，顯現人類價值的唯一途徑。人工智能在計算分析上或許將取代人類，唯獨心靈的力量是無可取替。因此，隨著科技進步急速，人類對靈性的追求將會同步「升級」，而占星學正是一個歷久常新的道標，讓我們無論迷失於哪一世界、面對著孰真孰假的人事物，依然能時刻認清自我，活出生命最真實的一面。

　　儘管人類殖民火星已是指日可待，但日月星移與我們的連結並不會因而消失於黑洞之中。願更多人能在星空探索自我的過程中，從宇宙裡每顆行星及恆星身上獲取智慧，療癒生命某些缺憾，活出專屬每個人的神話。

———— •••• 序言 •••• ————

　　長久以來備受忽視的恆星及相關的神話命題，如今在占星學中受到越來越多關注。這是當之無愧的，因它們為星盤賦予了更豐富的解讀。在八十年代，古典占星學開始復興，引發了人們對恆星的興趣，而在 1980 年至 2020 年期間，隨著土木大會合（the Great Conjunctions，譯註：土星與木星合相）發生在風象星座，占星學正「重新」吸收古老知識。這是個值得慶幸的發展，因為在傳統中埋藏著價值不菲的金礦。本書介紹了最常用的一種方法來處理星盤上的恆星。這並非唯一的方法，但據我經驗所知，它是最一致、最有效和最合乎邏輯的方法，若以正確方式運用，將會產生驚為天人的結果，尤其在分析本命盤及世運占星時。

　　這些結果均屬可被檢視的具體事實，因為星盤中顯示的事情會體現在周遭的有形現實當中，恆星、星宮（star house）和月宿（lunar mansions）的準確度將令你嘆為觀止。舉例來說，一級方程式賽車手尼基・勞達（Nikki Lauda）曾經歷一次廣為人知的事故，當恆星水委一（Achernar）被一次重要的次限推運（progression）引發時，他的臉部遭到嚴重燒傷。這顆星與法厄同（Phaeton）的故事有關，法厄同高估了自己的力量，試圖駕駛太陽戰車穿越天堂，最後因失控而墜落火焰之中。

　　在電氣設計與發明上無人能及的天才——尼古拉・特斯拉（Nicolai Tesla）的星盤中，太陽與恆星北河二（Castor）位於

天底。北河二是天上著名的雙胞胎中逝去的兄長。特斯拉在年青時期所經歷的重大事件之一，就是哥哥逝於墮馬的意外。這對由雙子座代表的天界雙胞胎被稱為馴馬師。卡斯托耳（Castor）和波呂丟刻斯（Pollux）也是一種發光現象的傳統名稱——聖艾爾摩之火（St. Elmo's Fire），這是由電暈放電所引起的，有時會在船的桅桿頂端上看到。他們是兩極之間產生張力的典型象徵，而電流現象只是其中一種表現方式。

這類驗證令人興奮不已，但若要意識到這一點，你需要一些神話知識，且能夠將象徵意義傳譯成現實事件。缺乏這種知識及能力，不論是水委一在尼基星盤中的推運，還是特斯拉天底上的北河二，你都沒法發現任何端倪。本書旨在闡明神話故事的本質，讓你可以基於對神話的理解，運用創意去應用這些方法，而不單靠關鍵詞。儘管如此，我在附錄 A 也放了一個關鍵詞列表，作為整套方法的基礎部分。

在我的網誌上，可以找到更多相關討論：http://www.pegasus-advies.com/blog/category/english-articles/

特別鳴謝

本書亦基於我的導師——約翰‧弗勞利（John Frawley）於 2005 年在荷蘭登博斯，以及 2010 年在德國雷根斯堡所舉辦的工作坊。假如沒有他的啟發及慷慨支持，本書根本無法完成。

Fixed Stars
in The Chart

第 一 章

恆星的靈性背景

Fixed Stars
in The Chart

恆星與天文星座（constellations，譯註：本書的「天文星座」指由恆星組成的星座，而非黃道十二星座 [zodiac signs]，下文會有詳細解說）的基本主題，是指出人類如何擺脫過度的世俗慾望及願望，如成就、享樂、金錢、權力、性愛及地位等任何阻礙超脫的事物。恰恰就是對上述事物的強烈追求，使我們無法獲得快樂，更阻礙了靈性發展。先釐清一點，擁有慾望完全是自然且必要的，但並不代表我們應被本能中獸性的一面所束縛。實際上，為了實現某種超脫，我們會為自我創造更大程度的真正自由。恆星和天文星座指示出跟超脫過程相關的轉變領域及可能性。有時天文星座會表現出根深蒂固的渴求：如果長蛇座中的一顆恆星很活躍，那麼慾望有時會較易受控，但也可能伴隨著某些隱患，例如過分驕傲或野心勃勃。因此從靈性上來說，恆星是一本指南，指引我們如何調節自我與獸性本能之間的緊密關係。這些指示通常很具體，例如：皇家恆星──軒轅十四（Regulus），即「獅子之心」，它強烈地渴望名垂千古，並會為此做任何事，不惜一切代價。因此，當這顆恆星位於發光體或四尖軸時，表示當事人需要有意識地放下野心和驕傲。為理解這些神話故事的本質，圖像是很重要的，因圖像能通過其象徵意義直接傳達知識。再以飛馬座的圖像為例，一匹飛翔駿馬的形象將闡明其故事本質。從這個意義來看，天文星座也像個傳統藝術展覽。

超脫──各大宗教的核心主題。例如在基督教裡，耶穌被釘死在十字架上，雖然過程痛苦，但捨棄本性中的慾望卻迎來基督的復活升天。在佛教裡，同一主題則偏重在心理層面上，因為人們意識到，了解自我及慾望皆是虛無才可引領我們從苦難中解放。

若我們按慾望行事，便會產生業力（karma），使輪迴（samsara）──痛苦和轉世的巨輪長延不止。實現無慾狀態意味著

信者得以重生，能離開死亡和痛苦的輪迴世界，在佛教的六大淨土重獲新生。因此，考慮到文化、地域和時代差異，基督教和佛教至少在這部分道出了相同的概念。

在描繪星盤時，恆星有獨立的層次，其層次比行星更深入。古典宇宙模型清晰地表明了這一點，這對於理解占星學來說尤其重要。在此模型中，地球是最低的中心點，被各種元素所包圍，接著被七顆行星依次包圍，而第八層就是恆星，之後第九層便是黃道十二星座。因此，位於第八層球面的恆星比行星處於更高位置，更接近黃道十二高塔，即十二星座後方的神聖維度——最高天（Empyreum）。正如但丁（Dante）對於同心的球體所提出：「球體的範圍越廣闊，代表的美德越高尚。」他的著作《神曲》（*Commedia Divina*）描繪出傳統宇宙學的圖畫。球體展現了內與外的結構，如同宇宙學同時包含宏觀及微觀的概念。

這概念反映出前文對恆星靈性本質的論述，描繪出生命裡必須完成的最重要的任務——通往最高天——「神之居所」。星盤上的恆星代表一個人在生命裡的追求，而行星則代表了生命中的事件及狀況。舉例說，如果星宿一（Alphard）——水蛇（譯註：指長蛇座）的主要星體落在上升點，那當事人在本性上可能會不斷地與慾望戰鬥。此人必須征服這些慾望，否則將導致一片混亂，帶來不快的結果。若落在上升點的是河鼓二（Altair，又名「牛郎星」）——天鷹座的主要星體，情形便稍有不同，我們可預期情況就如宙斯（Zeus）下來把伽倪墨得斯（Ganymede）帶到奧林匹斯山參加眾神的盛宴。這顆星代表一個良好的起點，讓人學習與教授高等知識，以此支持進一步發展。每顆恆星均代表著各自必須完成的任務。

行星指示出生命裡的事件，而恆星的解讀不但與現實層面相連，也可以延伸到更深更遠。若「恆星的任務」得以完成，它們將是一條道路，讓人解脫受世俗所支配的物質生活。而從某種意義上來說，行星也可被視為對世俗的熱烈迷戀。但應當注意的是，在這連串的靈性詞彙之下，在平凡生活中實現恆星的世俗意義，與體現相關的靈性主題均屬重要。有了實體，靈性本質才可紮根於我們的生活當中。

德國元帥埃爾溫‧隆美爾（Erwin Rommel）的星盤是個很好的例子，被稱為「沙漠之狐」的他在第二次世界大戰中，於北非沙漠上的一場著名戰役裡傳奇地慘敗。他的星盤上有顆強大的老人星（Canopus）在尖軸上，老人星的故事要素之一，就是被蛇咬後於埃及沙漠中死去。假如事態艱險，光是擁有聰明才智不足以讓人活下去。老人星是位於極南面的星體，遠離黃道，很切合一個將軍遠征非洲沙漠的情況。

古典宇宙天球模型

Fixed Stars
in The Chart

第 二 章

應用準則

Fixed Stars
in The Chart

　　在天空中可見的天文星座把隸屬於同一神話故事的恆星組合成一個個家族。這意味著，由恆星組成的天文星座以意義為中心，恆星不過是（部分）神話的集中點，透過與行星、宮始點或特殊點（Arabic parts）合相，觸動星盤，繼而觸及人生。因此，理解恆星時應從天文星座的神話入手，因這是當事人無可避免去陷入的故事。具有這種知識的占星師能夠為客人的生命帶來莫大洞見，因我們位於第九層的穹蒼（Firmamentum），接近神聖的最高天。

　　天文星座中的每顆恆星都具有其特質。這些特質會透過它在圖像中的位置表現出來（足部、足跟、角、眼睛、心臟、翅膀、手、蹄、肩膀、頭部、腰帶、頸部、劍、長矛、弓、箭），進一步闡明其含義。每顆恆星也帶有行星般的特質，擁有純綷金星般特質的恆星，對於世界或個人的影響，明顯跟土星或火星般特質的恆星大相逕庭。由於我們正在討論星體的能量，所以行星的尊貴力量亦應納入考量，因為當火星在星盤上入陷時，擁有火星般特質的恆星也會帶來更大傷害（尊貴力量系統將於第六章說明）。

　　此外，恆星的黃緯度數以及它與黃道的垂直距離會關乎其影響力。可想而知，環繞遠方北天極的天龍座（Dragon）上的一顆恆星，遠沒有一顆恰好在黃道內的恆星重要，因為黃道是以太陽為顯著象徵的神聖之路。恆星的力量也可以用它的星等，即它的亮度來表明——顯而易見，恆星越亮，其影響力越大。在占星學上，恆星的星等分為一至六級，最亮的恆星為第一級，肉眼勉強可見的微小恆星則屬於第六級。第一級的恆星約有 20 顆，屬於精英等級，假如你有行星或尖軸落在這類恆星上，便很可能在相關領域上脫穎而出。事實上，恆星也會移動，以極緩慢的步伐走過不同星座，在黃道上大概每 72 年行走 1 度，在一個黃道星座上會逗留 2200 年左右。進行研究

時，需經常根據特定年份對恆星的位置作出修正，並考慮到我們之後會討論的歲差運動（precession movement）。在第四章的恆星列表是根據 2010 年恆星的位置來計算的，你可以用上述的速率「1 度等於 72 年」為任何年份進行計算。

　　最後一個應用重點就是容許度（orbs），準則如下：對於第二級或以上（星等數值越大，亮度越低）的恆星，容許度為 1 度（尖軸的話可達 1.3 度）。第一級的明亮精英恆星，容許度為 2 度，而對於皇家恆星（royal stars）：畢宿五（Aldebara）、心宿二（Antares）、軒轅十四、氐宿一（South Scale）、北河三（Pollux）、角宿一（Spica）及有「暗黑女皇」之稱的大凶星——大陵五（Algol），容許度為 3 至 4 度（譯註：古典占星中常見的皇冠恆星為畢宿五、心宿二、軒轅十四及北落師門 [Fomalhaut]，與作者的皇家恆星定義並不相同）。不過，使用時還需要一定的靈活性。當一顆二級恆星在尖軸上，同時又被兩個行星佔據時，即使從技術層面來說超出容許度，這顆恆星也會帶來影響。另一個例子是，星雲和星團可能會使用稍寬的容許度，因它們的邊界不像獨立恆星般清晰可分。

只考慮合相

　　在描述恆星時，只有會合行星、宮始點或特殊點才會納入考慮，並採用上述的容許度。為掌握神話概要，需考慮任何跟太陽及月亮

（發光體）、天頂、上升、命主星合相的恆星。在第五章將提到的月宿——星宮——是非常重要的，它表明我們生命中的核心神話。在第五章，你將會看到如何將月宿與恆星的解讀系統整合在一起。某些時候，在發光體或尖軸的兩個皇家恆星已足以概括一輩子的故事，戴安娜王妃便是其中一個例子。

　　恆星會強烈影響行星作為自然徵象星或宮主星的運作。同樣原理也可應用到宮位上，因宮始點上的恆星絕不容忽視。分析特殊點時，亦應與合相的恆星一併解讀。恆星在預測上亦佔重要的一席位，因恆星會被其中一個重要的預測因素引動：與其合相的太陽、月亮、上升點、天頂、幸運點、太陽點或命主星，會在生命中實現其影響力。一顆恆星即使不處於本命盤上的突顯位置，也能透過推運發揮力量。在太陽回歸盤上相當突顯的恆星，例如位於天頂上，也會為回歸盤相應的那一年帶來巨大影響。同樣原理亦應用在月亮回歸盤的流月運程上。

靈性與現實

　　在描述天文星座和恆星時，更實際的中心問題是：當我被捲入這些神話故事時，如何以最積極的方式顯現出來，又如何減低當中造成的傷害呢？

　　相比起行星，恆星更能在生命故事中提供機會，讓你能帶著意識

行動，使結果盡可能變得正面。例如，你有一顆軒轅十四在月亮上，切勿試圖不惜一切代價去換取強大權威，因為盲目的野心可能會使你失望，至少會帶來很多麻煩。所以在第三章中，會先描述及解讀神話，然後建議如何避免故事裡的主要陷阱。神話主題之間必然緊密相關，而在相似的故事中，各個星座代表著不同階段的發展與變化。

若占星師能參透神話的本質，便能掌握恆星的意涵，有效地解讀古典文獻，而不流於字面上的理解。必須強調的是，恆星及天文星座也有其現實意義。因此，即使它們背後帶有靈性意義，也不能僅側重於靈性層面。比如說，掌管專業的第十宮主星若落在織女一（Vega），即「降落的禿鷲」（天琴座）上的一顆恆星。當事人便可能在機場愉悅地工作。若落在天鷹座的主星河鼓二上，便可能會成為出色的機師。因此，千萬別忘記恆星及神話會以其形象表現出來。恆星傳達的主要訊息——我們必須帶著覺察，盡量將神話表現在具體及靈性層面上，才可避免墜入故事裡的固有陷阱。假如我們不積極參與其中，神話便會強行在我們身上彰顯，而在這種情況下，通常會以令人不快的方式表現。

黃道星座的邊界是永恆不變的，邊界就如一道高牆，令行星無法與另一邊的恆星相結合（譯註：上文曾提到它們位於古典宇宙天球模型的不同圈層）。但恆星也像行星一樣，能在星座間穿行。在我們的人生當中，強大的軒轅十四已由獅子座移至處女座的領域，而發生的時期也因此變得重要（2012 年 1 月）。當軒轅十四進入處女座時，隨即與位於處女座的初度數的行星合相，而不再跟獅子座末度數的行星合相，這是一個重大的轉變。然而，昴宿六（Alcyone），即昴宿星團的主星，則由金牛座移動至雙子座，但由於昴宿六是整群昴宿星體的中心及主導，我們會視昴宿星團同時存

在於金牛座及雙子座之中。

　　通常兩顆恆星投射到黃道上時，看起來相當接近。在這種情況下，為分辨兩者，我們會選用較接近行星或宮始點的恆星，或者星等數值較大（兩者中較亮的）和黃緯度數較小的恆星，又或者是本質上更契合行星特性的那顆恆星。在某些情況下，較強力的恆星會成為主導。比如說，天船二（Capulus），即英仙座珀耳修斯的劍柄，跟惡魔的頭顱──大陵五，非常接近，甚少會被分開解讀，因為大陵五是極為強大的。同樣原理也適用於獅子座的軒轅十一（Adhafera）及軒轅十二（Algieba），它們非常接近軒轅十四──在皇家恆星裡最尊貴的恆星。

　　假如你在技術上追求過度精確，可能會誤入歧途。就像萬物的精確度必須適可而止，在此亦然。我們可以通過上述準則或以其他創意方式找到一些方法，以解決恆星太接近的問題。在仙女座的天大將軍一（Almach）以及在鯨魚座（Whale）的天囷一（Menkar）就是兩者極為接近的例子，但由於它們屬於同一個神話故事，當一顆行星落在兩者之間時，你會知道什麼事即將發生，之所以會出現此問題，是因為我們試圖為一個無法精確界定的系統劃清界線。在占星學中，唯一完美的東西就是十二個不可見的黃道星座或黃道帶中的十二種能量區域。

四十八個天文星座 ————————————————————

在古代占星學中，原本只有四十八個天文星座，直至十六世紀才大量增加。為天體命名的國際天文聯會（IAU）辨別出多達八十八個天文星座，但當中許多劃分方式是愚蠢的，且與占星學毫無關連。整個加減天文星座的過程任由人類定義，我們大可安心地無視所有新發現的天文星座，只需專注於附錄 B 上的四十八個古典天文星座。我們會因為忽略「印刷室座」（Printer's Office）、「天爐座」（Chemical Furnace）及「時鐘座」（Pendulum Clock）而錯過什麼嗎？

四十八個古典天文星座是依據它們相對於黃道的位置，按邏輯細分而成。其中有十二個星座接近或位於黃道帶，即太陽的運行路徑上，而它們明顯與占星學中的黃道十二星座（譯註：此稱呼以下也稱為十二星座）相關。此外還有二十一個北方星座及十五個南方星座。必須明白的是，十二個天文學上的黃道星座（zodiacal constellations）與黃道十二星座（signs）是相關而不相同的。天文學上的黃道星座是黃道附近可見的恆星群，而代表不可見能量領域的黃道十二星座亦擁有相同名稱，從某種意義上來說乃屬偶然。舉例來說，我們的祖先本可以把天文星座中的白羊座起名為威廉，這樣就可以清晰地把白羊座和牡羊座區分開，避免許多的麻煩。由於天文學上的星座與黃道十二星座在宇宙星體模型中屬於不同天球層，兩者是絕不能混淆的——即使有著相同名稱。任何在古典模型的框架中研究的人便會明顯發現：可見而不完美的（天文星座），與不可見而完美的（黃道十二星座）是不相同的。但天文學上的黃道星座與黃道十二星座剛好有相同的名稱，因兩者均接近或位於黃道。這意味著它們是獨

特的天文學上的星座，但也不會因此變成黃道十二星座。

（譯註：本書在天文星座或天文學上的星座使用其天文學名稱，分別稱為：白羊座、金牛座、雙子座、巨蟹座、獅子座、室女座、天秤座、天蠍座、人馬座、摩羯座、寶瓶座、雙魚座。占星學中的黃道十二星座分別稱為：牡羊座、金牛座、雙子座、巨蟹座、獅子座、處女座、天秤座、天蠍座、射手座、摩羯座、水瓶座、雙魚座。）

投射

在過去的許多年裡，「恆星的黃道投影位置」這一理論備受批判，批判者不認同採用該投影位置，因為實際上恆星並不位於黃道。但這並非一個有力的論據，因行星也並非完全位於黃道上。假如有兩顆行星合相，它們在天空中也甚少彼此重疊，卻會經投射落在黃道上的相同度數。將行星的位置投射到黃道上，一直都是標準的做法。即使是月亮，跟黃道也有超過五度的黃緯距離，所以似乎沒有一個有效的論據能夠反對投射在占星學中的使用。

外行星 ── *像恆星般的要素* ─────────────────────

　　在古典占星學裡，外行星並非擔當著重要角色，它們沒被視作行星，沒擔當星座主星，也沒有其主管的專屬領域。身體內沒有冥王星主管的器官，大自然裡也沒有冥王星主管的植物或石頭。外行星並不屬於構成世界的七種能量，即七個古典行星。但用古典方法來解讀星盤時，外行星扮演了另一種重要並如同恆星般的角色，而我們不單考慮它們與古典行星的合相，更會考慮其對分相。

　　作為恆星般的要素，海王星由波塞冬（Poseidon）──海洋中的強大神靈所代表，從字面或形象上來說，他帶來淹沒（以海潚淹沒城市，或以慾望淹沒人生），主題是無法控制的混亂。波塞冬以著名的三叉戟搖晃大地，這位脾氣暴躁的海神旨在以他的元素──洪水般的慾望，來淹沒及征服旱地（意識及覺知）。

　　作為恆星般的要素，天王星由被閹割的初代天空之神所代表，象徵一種無限潛力，強烈抵制令人痛苦的局限。烏拉諾斯（Uranus）被薩圖恩（Saturn）所閹割，所以這故事講述的是接受世俗的行事框架，而非直衝雲霄。天空之神被閹割後，血滴到大海裡去，令維納斯誕生，描繪出紀律及限制會引領我們到愛與和諧。所以土星入旺於金星主管的天秤座並非毫無來由。

　　作為恆星般的要素，冥王星由哈德斯（Hades）──冥府的邪惡統治者所代表，並與地下活動、惡劣行徑和突發的壓倒性對立有關。從技術層面來說，使用外行星的方式跟恆星一樣，差異在於外行星跟行星的對分相也會納入考量。這三個跟恆星相似的因素，地位相等於

第一星等的恆星，所以將它們列入解讀之中是不錯的主意。

彗星與新星 ———————————————————

　　另一個類似恆星的因素是彗星（comet）——惡名昭彰的「長髮星」（hairy stars，譯注：源於希臘語 κομήτης，「彗星」一詞）一直被視為凶星，因它會大幅打破一切常規及發展。彗星的意義會按照它初次出現時所在的星座而解讀，即使它劃過的星座也會被納入考慮。這些星座代表著被彗星的凶性傷害的事物及領域。在理解其影響時，彗星跟行星的相應顏色亦是重要考量。紅色對應火星特質，藍色和明亮的彗星則聯繫到金星，灰色及淡淡的色調則為土星，金黃色為太陽，散發銀光為木星。如果彗星只能在日出或日落時看得見，便對應水星或金星的特質，因這兩顆行星總是靠近太陽。行星的本質指示出彗星的凶性影響會在哪個特定範疇上彰顯，解讀時亦可結合彗星初次出現的星座，以及之後經過的星座。紅色的彗星若出現在水瓶座——人性星座，可代表一場引人矚目的戰爭。紅色的彗星若出現在獸性的金牛座，便顯示出牛隻會受到危險疾病或流行性傷寒所影響。

　　彗星屬乾與熱，過去被視為太陽劇烈失衡時的噴發物，並按形態被分類：像劍的、像檯燈的，甚至像鬍子的。地震、洪水、戰爭和流行性疾病，都是彗星可能會帶來的巨大災難。這些影響並不限於大自然災害——也包括所有危險的發展或危害事件。明顯地，只有最明亮的彗星才有意義，而並非每顆小彗星都代表災難！

新星（novae），即天空中爆發的新星體，大致上也有同類意思。新星及最壯觀、極明亮的新星——超新星（supernovae），其角色是導向一個戲劇性的全新方向。兩個最有名的超新星——在1577年出現的第谷超新星（Brahe's Star）及1604年出現的克卜勒超新星（Kepler's Star）都異常明亮，即使在白天也清晰可見。它們的出現恰逢歐洲史上的重大轉折：文藝復興和現代性的誕生。超新星是正在燃燒的爆炸性恆星，最能代表中世紀時代的結束——在精神及文化上急劇而深刻的變化。

銀河、映點及月交軸 ————————————————

銀河是天空中最引人注目的現象之一，它是由群星組成的一條絢爛絲帶，在現代城市的光污染之外最能被欣賞到。銀河由大量恆星組成，這亦跟其象徵意義有關。按傳統概念，這是讓靈魂來到地球誕生的通道。所以銀河是實體生命進出地球的門檻。它反映了靈魂擁有的所有潛力，在時機來到時便會形成肉身，在地球生活一段時期。

銀河在神話裡的形象，是天空中的母牛四腳站在地球上的四個角落，牛奶從乳房大量湧出。這代表著現實裡的四元素。銀河跨越了黃道的兩個區域：雙子座22°至巨蟹座2°，以及射手座14°至21°，摩羯座0至7°。假如其中一個發光體，即太陽或月亮在此，從古典角度來說會帶來失明，因銀河是一扇門，讓人沒法看見門的另一邊。

在阿茲特克（Aztec）的神話中，銀河是一條「雲蛇」（Cloud Snake），指向與自己相似的重要比擬——月交軸（nodal axis），太陽及月亮軌道交匯點之間的軸線。這條軸線的別名會讓人更易理解——龍首及龍尾，因它們在本質上代表龍的純淨能量，或是阿茲特克人所稱的蛇。蛇的象徵能以「二元論」（dualism）來總結。將原始的一體分裂成兩個相反的部分，表達了世俗生命的基本張力。所以，「渴望」是蛇的主要象徵之一，當我們不再統一，分裂成兩個個體時才會產生渴望。當出現與我們自己相異的觀點時，才會覬覦對方。我們會拚命走向另一點，以消除分裂所造成的壓力。

這也解釋了為何像木星般膨脹的北交點，以及像土星般限制的南交點，會有如此極端的特質。這是蛇的純淨能量，在北交點時，這是一種渴求生命得到滿足的慾望，往往伴隨著許多成功，而在南交點時，這是一道「狹窄的關口」，嚴格限制生命的可能性，令人重新專注於更高境界的靈性源頭。與月交點有緊密合相的行星或宮始點，會強烈地受到龍的原始力量所影響。在困難的南交點上，基本任務就如聖喬治（St.George）屠龍的傳統形象，並且要超越慾望。從象徵角度來看，北交點並不像經常聽到那般需要被「發展」，反而需要特別注意的是南交點，因為在這位置上，透過犧牲相關領域的事物，我們能大步邁向幸福、超脫及寧靜。

蛇的二元性象徵也可在伊甸園的故事裡找到。善惡樹就在園內生長，在蛇的建議下，亞當和夏娃吃下了智慧樹上的蘋果，因而意識到二人是相反的，陷入物質帶來的沈重，喪失了原始的合一。他們必須遮掩性器官，因正是這些器官表現出二人在肉體上的差異。直到最後一戰——世界末日中，蛇（二元性）被殺死後，新耶路撒冷降落到人間，男人和女人才能恢復統一。在此之前，通往天堂的大門由四聯

像（tetramorphs）所守護。四聯像是手持火劍的天使，「四面」則象徵四元素。因此，正是物質生活的二元性阻擋了返回天堂的道路。

　　吠陀（Vedic）神話也大力強調二元性的主題。龍首和龍尾代表著婆蘇吉（Vasuki，即那伽蛇神或龍神）的遺體——仙人迦葉波（Kashyapa）及惡魔獅女辛悉迦（Simhika）的兒子。這位惡魔協助眾神準備甘露，使他們長生不死。但婆蘇吉也成功喝下甘露（譯註：此處似有不同說法，但原文如此），為此受到毗濕奴（Vishnu）所懲罰，將他的身體一分為二。由於他擁有長生不死的身體，其頭尾得以永生，在吠陀神話中稱為羅睺（Rahu）及計都（Ketu）。兩者甚至被視為兩顆額外的行星，其重要性可觀一二。舉例說，假如南交點與天頂合相，事業上便會出現令人痛苦的侷限，使你無法成功。蛇在不同的天文星座中也扮演著各種角色：巨蛇座、蛇夫座、九頭蛇或長蛇座、御夫座（下半身為蛇身）和天龍座（由於對占星學並無影響，純綷為一種象徵，本書並無意加以討論），都可以通過二元論的象徵意義來理解。而與之相對的「魚」則指向神聖的非二元性。據說魚總是清醒的，眼睛總是睜開的，所以牠不落入世俗定律的一部分，能連接至神的合一性。牠也能夠在水中不受傷害地游動，因水是慾望的象徵，這代表魚沒有慾望，也是為什麼基督由「魚」（Ichtus）的符號所代表。

　　所以，月交軸與銀河在象徵意義上是密不可分的，均代表在其層次上進出天堂的大門。在推運或太陽回歸盤上，月交軸若被引動，便會帶來激烈的變化。星盤裡行星的映點位置也有類似意思，因此映點通常在死亡時刻被觸動。它們以另一種方式代表著月交軸。這是因為映點是通過聯結至點軸（巨蟹座 0°／摩羯座 0°）兩側行星的鏡像位置計算得來。

這條軸線是月交點及銀河的另一種表達方式，但現在來到了黃道層面。巨蟹座在古時被稱為八爪魚，與北交點極為相似，代表生命裡的無窮慾望。土星守護的冬季星座摩羯座，曾被稱為海豚，代表物質生活的解放，則對應南交點。從這個思路去理解，映點也屬月交點，並解釋了為什麼其意義是隱藏的，而並非明顯地表現出來。銀河、月交軸、巨蟹及摩羯座的至點軸、映點均來自蛇的二元性形象，代表進與出，因此我們可以透過蛇的神話作更深層的理解。

燃燒途徑 ── 無關於恆星的路徑！

在古典占星學中，天秤座 15° 至天蠍座 15° 這 30 度區域被稱為帶點神秘的「燃燒途徑」（Via Combusta），在此範圍內，唯獨月亮會表現得極為虛弱及不穩定。每個卜卦占星師都會證實這一古典概念，在大多數時候，若起卦時正值情感上遇到困難，月亮都會剛好落在這個範圍內。此外，當次限推運的月亮經過這個範圍時，常常指示出這是個情緒緊張的時期，尤其在月亮入弱於天蠍座的時刻。

雖然緣由不清，但據說燃燒途徑的定義來自黃道上曾被發現的凶恆星。不過，這說法在某程度上不符合邏輯，因為這些凶恆星現在已離開了此區域，但燃燒途徑卻一如以往般帶來影響。

其中一個對燃燒途徑較合理的解釋，是指天秤座 15° 至天蠍座 15° 剛好對分了太陽入旺的範圍，即牡羊座的 19°。在這個位置上，

屬火象、開創性的牡羊座力量在榮光中爆發。這意味著在太陽的猛烈火焰下，對分的區域會嚴重受傷。只有月亮在燃燒途徑上受影響，是因為這位置上的月亮猶如在黃道上經歷滿月一樣──滿月對於月亮來說是個脆弱的時刻，因它完全依賴著太陽的光芒。因此燃燒途徑是來自黃道本身的結構，與恆星沒多大關連。

　　燃燒途徑的範圍也強調了這一點，因它就像星座般精確地劃分為30度。如果恆星是這個區域的成因，那麼其長度便不應該是精確的30度，而是按恆星的準確位置而定。這再一次清楚指出，與燃燒途徑相關的是黃道，並非天文星座。燃燒途徑是一種表達方式，表現出跟月亮相關的過程都會產生極度不穩定的階段。我們可聯想到朔望潮或月經週期，它所反映的是月亮作為次要和較微弱的發光體，需要依賴太陽發光──太陽在宇宙中象徵神聖的存在。一般而言，月亮還代表著地球的動盪及變化，而更巨大的發光體太陽則是獨立的，擁有永恆的型態，始終如一。

　　耶穌的十二個門徒（twelvefoldness）是另一個象徵層面，就是整體裡的第十二個會帶來麻煩，這可以稱為「猶大原理」（Judas principle）。猶大還代表了不穩定的世俗弱點，與彌賽亞（Messiah）的陽光互相對立，這就是為什麼猶大會受到銀幣的賄賂──銀是月亮代表的金屬。在黃道結構上，這也透過月亮入弱在天蠍座描繪出來，在這個固定的水象星座上，慾望達至最深最強之處，所以月亮在此會處於不良狀況。在黃道的這個範圍內，月亮無法如常運作，沒法純綷地反射太陽的光線，因為它被天蠍座的深層慾望所支配。釐清一點：《聖經》清晰的表明猶大是神聖計劃的必要部分，因此從這種意義來說，他的本質並不惡劣。當我們有所創造時，便會產生世俗的脆弱，這是隨創造而來的，本質上是與上帝的分離。

歲差及寶瓶座時代 ————————————————

　　如上述所說，恆星會極緩慢地移動，而造成這種移動的原因是「歲差」，要理解歲差——恆星在不同星座之間移動的實質——春分點至為重要。北半球春天開始之時，地球的上半部光照增多，溫度升高，長達數月，而太陽穿越天赤道向北移動，此時太陽的確切位置就是春分點。之所以被稱作分點，是因為這個時候太陽直射赤道、晝夜等長。「equi」是拉丁語，意為「相等」，「nox」意為「晚上」。在同年的六個月後，便來到第二個分點，象徵著秋天的開始。這時太陽會再次通過天赤道，但卻「往下」移動到南方，此時北半球開始進入冬季，而南半球進入夏季。春分點在天文學上也可被精確定義。它被定義為一個起點，確定了牡羊座 0° 的位置，作為西方占星學上回歸黃道（tropical zodiac）的起點。

　　這意味著黃道十二宮會以春分點為起點。這是永恆不變的——黃道帶被分為十二個區間，一方面是由於形而上學的必要性，另一方面也是基於數字神秘學的象徵意義。黃道包含十二個星座，因為用這個方式便可描述宇宙的所有可能性，是由四乘三而成的結果。數字 4 對應物質層面的元素，這是一種張力的表達。因為這數字由二乘二而成，而數字 2 代表分離、相反及對立。再者，共有三種模式描述元素的運作方式。數字 3 是精神的數字，它重新連接首次分裂的兩極。所以在黃道上，我們看到了物質和精神相互交織的所有可能性均由三乘四所表示。顯然任何被提到的第十三個星座，例如蛇夫座等，從基本象徵性來說都是不合理的。無論你想以何種方式將這些點連接起來，在我們上方形成多少個天文星座，星座都必然只有十二個。

　　三種模式代表元素在地球上運作的方式：開創模式是一種創先河的衝勁。固定模式是在特定情況中對所有可能性的探索。變動模式代表結束及進入下一階段，因而象徵著變動星座的二元性。在基督教神學中，從聖父、聖子和聖靈形成的三位一體，亦可看到數字 3 在不同層面的類似象徵。從這種廣泛的描述中，可以清楚看到黃道是個形而上學的概念，是包含所有物質以及精神的宇宙藍圖。回歸黃道是一條包含十二個區域的能量帶，不能精確地對應相同名稱的恆星群，亦無法在天空中看得見，這是由歲差所造成的情況。地球在其自轉軸上長期進動，意味著我們的恆星每年都往天空不同位置稍稍移動著。從我們的觀測角度來看，春分點在緩慢的退行，恆星需要數千年的時間（譯註：原文如此）才能完成整個循環，期間會涉及每個黃道星座的能量，這就是通常所說的「時代」（譯註：即寶瓶座時代、雙魚座時代等）。接下來會有更多解說。

　　這也意味著你所見到的恆星與黃道十二星座並不相同。在占星學角度中，可見的事物在宇宙裡屬於較低的物質層次。在宇宙球體的結構中，黃道十二星座位於可見的天文星座球層之上，行星層則位於可見的天文星座球層之下，換句話說，即地球與天堂之間。這也說明了行星的角色：它們是將星座藍圖的潛力帶到地球的使者。它們是世界的動態結構力量，確實擁有著與十二星座相同的元素能量，只是以更為動態的方式顯現。行星越有尊貴力量，便越能發揮使者的作用。

　　因此，在傳統宇宙學中，每個球層都在另一個更廣闊的球層裡運行。行星與恆星一樣，都包含在最高的黃道十二星座球層之下運行著。從占星學角度來看，黃道及位於牡羊座 0° 的春分點是完全不會移動的，位置上永恆不變。但我們從地面上看，恆星及天文星座就如行星般，會跨越黃道十二星座，只是移動速度較為緩慢，每 71.6 年

才走 1 度。它們走一圈的話，便要花上 25920 年，被稱為「柏拉圖年」（Platonic year，譯註：亦稱作「歲差年」）。從宇宙學的角度來看，這種星體運動即為歲差，是低層的恆星和天文星座，通過較高層的黃道十二星座時的一種運動。

從較現實的角度來看，歲差是地球在其傾斜軸上擺動的結果，稱為「章動」（nutation）。章動的結果，就是春分點在恆星的背景下移動（譯註：原文如此。章動是一個天文學術語，這裡指由於迴旋效應，地球的自轉軸相對於公轉軸會產生一種點頭式的週期運動。而春分點的西移，是因地球自轉軸的長期進動，以及章動，和其他星體對地球軌道的攝動綜合造成的影響）。該移動之所以明顯可見，是因你在觀測時是以恆星作為背景的來衡量。因此，假如你每年也測量春分點相對於天空的位置，便會發現它已逐漸從一個恆星移動到另一個。但是，這種移動僅出現於恆星或天文星座上，而不會在黃道十二星座之間移動，因為按照定義，春分點是黃道十二星座的起點。關於這一點尚存有很多疑惑：是什麼催生了「寶瓶座時代」以及其他以星座作為時代特徵的理念。這源自於人們對星座和天文星座的混淆，兩者應被清楚區分，因它們實際上是完全不同的。

寶瓶座時代的模糊性 ————————————————

春分點沿著黃道進行直線運動，目前它因歲差影響已前進至天文學上的雙魚座和寶瓶座之間的假想邊界處——而不是占星學上雙魚座

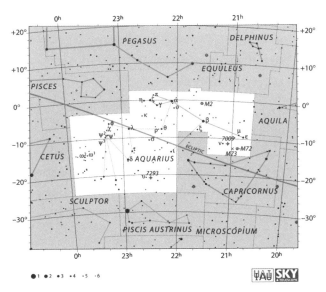

春 分 點 的 歲 差

和水瓶座之間！請注意，歲差運動的方向是相反的，春分點不會像行星和恆星般從寶瓶座移動到雙魚座，而是沿著黃道逆行。

然而，這裡帶出了一個無法克服的問題──天文星座的「起始」邊界是可以隨意定義的，並非以任何原則為基礎，根本沒有深層的占星學意義作依據。正如利比亞和阿爾及利亞的邊界劃分一樣，是當局在地圖某處繪製出來的，因兩國之間必須存有邊界。因此，沒有人能準確地說出何時可將雙魚座時代拋諸腦後，寶瓶座時代將在何時開始。已經開始了麼？還是要再等 700 年？這使時代劃分的概念存有疑點。

鑒於春分點是在恆星為背景下移動的，神智學提出了寶瓶座

（新）時代的想法，後來被現代占星師——卡爾·古斯塔夫·榮格（Carl Gustav Jung）所延續，更為此而寫書（Aion，即《基督教時代》）。問題在於，沒有人知道雙魚座在哪裡終結，寶瓶座在哪裡開始（見上圖），整個想法有點不合邏輯。實際上在占星學角度來說是站不住腳的，因為它是基於對黃道十二星座和天文學上的十二個星座的各種混淆而產生。天文學上的寶瓶座並不同於水瓶座，儘管天文星座對星座來說起著原型作用。最基本的一點是，星座是一個 30 度的能量區域，有著清晰的界線，可見的天文星座並無這種界限，因而造成了許多不一致。整體概念上，與星座相關的十二個時代在某程度上是顯而易見的，在古典文獻的真跡中亦可找到，但概念卻截然不同。

另一個無法克服的問題是：如果以在星座間進動的春分點作為起始點，時代的長度便成問題了。舉例說，白羊座比雙魚座短得多。若依此邏輯推想，雙魚座時代便比白羊座時代長四倍。這一點是極為奇怪的，甚至成為對整個時代概念的關鍵性爭論。如果我們有十二個長度截然不同的時代，那麼我們怎可以說這些時代與黃道十二星座相關呢？這並非完全荒謬，然而這個常被提及的概念實在存在太多矛盾之處。

此外，一個世代的明顯及根本的變化，根本不需要用寶瓶座時代的降臨作解釋。土木大會合進入風元素正是個占星學指標，表明了世界上權力的重大轉移，以及大規模的風象式轉變，例如數位化、全球化和大規模遷徙。大會合會在同一元素維持約 220 年（譯註：此處指平均時會合，即 19.8 年會發生的一次的現象），進入新元素總是帶來深刻的政治、經濟和文化變革。因此，我們不需要寶瓶座時代來解釋這一點，儘管我們接受這個想法，但當一切變得靈活而不穩定時，我們還可以用固定星座的概念去解釋麼？

　　與時代發展相關的重要歲差運動，就是當四個「守望者」
（Watchers）中，最後一個進入變動星座之時。四個守望者包括：
畢宿五（春天－開始）、心宿二（秋天－結束）、軒轅十四（夏天－
頂峰）、北落師門（冬天－休眠），它們的歲差移動到新星座時，象
徵著巨大的變化。這四顆恆星構成了一個宇宙十字，因它們與季節的
起點有著明顯而緊密的聯繫。當畢宿五－心宿二的軸線移動到雙子／
射手時，我們看到了第一個文藝復興時期。北落師門進入雙魚座時帶
來了啟蒙運動。而在此時，最後一個守望者，軒轅十四也已經移到了
處女座。

　　因此，所有固定模式也消失了，我們進入第三個階段的變動模
式。軒轅十四進入處女座肯定是世界大轉變的一個象徵。我們可以預
料到，文藝復興至啟蒙運動的整個過程將會完成，並以某種方式重複
進行。在這四個守望者中，只有北落師門（魚嘴）並非一顆與世俗成
就相關的皇家恆星。北落師門是基督或「魚」誕生時的冬季恆星，正
如其明確所指，祂的王國不屬於這個世界。

第 三 章

天文星座的神話

Fixed Stars
in The Chart

下列指引將說明如何正確使用本章節的天文星座神話：

1. 在第四章的星座恆星列表中，找出哪些恆星與你的本命行星合相（或較為次要的，是否與宮始點或特殊點合相）。由發光體（太陽及月亮）、尖軸（上升及天頂）及命主星開始。將恆星的行星特質及星等記下來，當然也要記下所屬的天文星座。

2. 在後頁的神話列表中，查找該星座的神話故事。

3. 結合會合的行星（或宮始點、特殊點），描繪出神話主題。

4. 判斷恆星的行星能量，同時也考慮這些行星在星盤上的尊貴力量。尊貴力量越高，恆星便越能以正向方式運作。

5. 查看恆星在星座上的準確位置，位於足部，與位於眼睛、心臟或角是不一樣的。

6. 在上述步驟之後，可翻到附錄 A 的關鍵詞列表，查看哪些關鍵詞必須加進你的解讀之中。

7. 最後，在第五章查找月亮所落入的月宿或「星宮」。這可視作個人的核心神話。

仙女座（*ANDROMEDA*）——————————

　　珀耳修斯（Perseus）將美杜莎（Medusa）斬首後，在回家的路上，於利比亞海岸（非洲象徵被物質束縛）看見一位年輕女孩（靈魂的象徵）被拴在海中的一塊岩石上。她是安德洛墨達（Andromeda）公主，因母親卡西俄珀亞（Cassiopeia）吹嘘女兒比海神波塞冬的僕人涅瑞伊得斯（Nereids）美麗，而受到波塞冬（海洋象徵狂野的獸性慾望）的懲罰。安德洛墨達即將成為海洋的新娘，而那頭破壞了她父親王國的可怕怪物，正要前去吞噬她。珀耳修斯從身上的袋子中拿出美杜莎的頭（征服慾望），將怪物石化，解救了安德洛墨達，並娶她為妻。因此，靈魂對於解脫物質束縛的渴望無

畏地延續著。

　　壁宿二（Alpheratz）是仙女座中最重要的恆星，標記著她的頭部，擁有正面的金星和木星般的特質。而天大將軍一也擁有愉悅的金星特質，位於左腳，代表與世間現實的接觸點。天大將軍一帶來藝術才華，靈魂因獲得解放而歌唱及創造出美感，而奎宿九（Mirach）也具有類似含義。奎宿增廿一（Vertex）是仙女座的星雲，而星雲通常有較負面的含義。此星雲會致盲，並讓靈魂成為海怪的受害者。仙女座與藝術息息相關。在海難的事件盤中也經常發現仙女座或鯨魚座的恆星。

> 　　主題：在困境下守護有價值的事物；因過度自信而遇上麻煩；以純潔連接更高世界，在藝術創作中展現出該維度之美；為從物質限制中釋放靈魂而戰；美學和藝術是仙女座的中心主題；在艱險和敵對的環境中守護及保存美麗與真理；她是最典型的的落難少女。

寶瓶座（AQUARIUS）

　　在寶瓶座的形象中，斟酒人倒出甘泉，被稱為最人性化的星座。這是唯一一個天文學上的黃道星座，讓我們可以找到甘泉。這表明了神話的含義，因純淨的甘泉是可飲用的，而不是帶有狂野慾望的海

水。這個淨化主題將寶瓶座與伽倪墨得斯，即最美麗、最純潔的凡人聯繫起來。伽倪墨得斯被鷹帶到奧林匹斯山，並在眾神的盛宴上侍酒。因此，甘泉（經過淨化的慾望）被轉化成心靈的純淨葡萄酒，此主題呼應了《聖經》中迦拿（Cana）的婚禮故事。通過蒸餾過程將慾望之水淨化成可供享用的健康甘泉，被馴服的慾望則化成葡萄酒。

　　這是個不穩定的過程，斟酒人的左右肩——危宿一（Sadalmelek）和虛宿一（Sadalsuud）的影響均為負面的。整個淨化過程正在進行中，隨時有機會出錯。只有右腿上的羽林軍二十六（Skat）才能產生在此星座的正面影響，它代表最美麗的凡人，因右腿（積極實現）站在流瀉出來的甘泉中。此星座與正面或負面的秘密相關，並涉及深奧、神秘的事物。注滿珍貴甘泉的水杯以及

製作過程都應受保護，以免被不潔環境沾污。斟酒人傾注出來的甘泉流進了魚嘴，即北落師門，代表基督的誕生。因此，馴服水是為靈性誕生做準備。

　　占星學中黃道星座的水瓶座清楚地說明了該主題。我們以兩條鋸齒形的線條代表水瓶座，重複了天秤座的雙重線條，兩者均為風象星座，主題上均指向人類與神的維度。在水瓶座這個固定星座中，淨化過程正啟動並運行著，鋸齒形線條代表以太陽熱力驅動的活動。水瓶座可被視作傳統水循環的一部分，原始的水蒸發向上，化成純淨甘泉降落，為土壤施肥。淨化是痛苦的，且需要作出犧牲，因此由土星主管水瓶座。從外部驅動過程的太陽並不屬於這裡，因此入陷於水瓶座。

　　主題：透過痛苦的淨化過程轉化出真實的人性，為靈性的誕生做準備；隱藏的事物、神秘學。

阿耳戈英雄之船 —— 南船座（ARGO NAVIS）

　　伊阿宋（Jason）率領的阿耳戈英雄之船（Argonauts）是第一艘在海洋上航行的船。野蠻的海神波塞冬突然看到船影出現在他的頭頂，挑戰他對慾望的黑暗統治時深感不悅。阿耳戈英雄們正在捕獲金羊毛（Golden Fleece）。這個星座描述了金羊毛任務的首個

階段——遠離慾望的本質。伊阿宋所追尋的金羊毛來自佛里克索斯
（Phryxis）獻出的公羊皮，並將其懸掛在樹上。金色公羊是具有太
陽特質的動物，代表在世間實現的神聖能量。為了奪取金羊毛，伊阿
宋必須控制噴火公牛所拉的犁（象徵物質），並智勝巨龍（象徵二元
性）。金色公羊作為靈性的象徵，顯然與神的羔羊—耶穌（Lamb）
有關，而耶穌也犧牲於十字架上。

　　擁有第一級星等的老人星是這個星座中極明亮的精英恆星，代
表世間的智慧，卻僅足以完成部分任務。卡諾帕斯是墨涅拉俄斯
（Menelaus）的精幹舵手，他在特洛伊戰爭後率領希臘艦隊回家，
卻在埃及被蛇殺死。當事態變得艱難時，世俗的聰明並不足以讓你生
存。這位精幹舵手的世俗知識沒法將他從沙漠之蛇中拯救出來，因此
這顆星將我們進一步推向了真正的智慧，使我們與靈魂聯繫起來。受

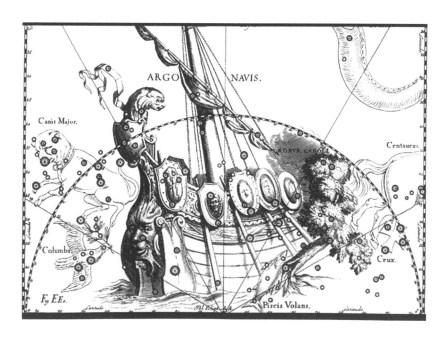

老人星影響的一個明顯的例子，就是德國將軍埃爾溫·隆美爾，他星盤的尖軸上有老人星，而他被稱為狡猾的「沙漠之狐」。但在第二次世界大戰中，他與侵非軍隊在北非沙漠中受襲。後來他被納粹逼迫自殺，他盡一切尊嚴完成了命令。這似乎以另一種方式重複了整個神話主題。

天社五（Markeb，處女座 29°）成功地越過慾望之海，因此帶來知識、旅行和教育工作。海山二（Foramen，天秤座 22°）是一顆呈雲狀的恆星，因此帶有凶性，它聯繫到殘障、失明以及迷失於追尋過程中。我們可以理所當然地忽略現代對此天文星座的細分方式。

> 主題：讓自己遠離慾望，發展高等知識；只有世俗的智慧是不足夠的；與航海、教育、知識和旅行有關。

驢子 —— 驢子星（ASELLI）：詳見「巨蟹座」

牧夫座（BOÖTES）

牧夫是一位放牧者及熊的看守者，依神話所述，他變成熊後把母親追趕到朱比特（Jupiter）的神殿裡，因非法闖入而被祭司

揚言處死。熊是戰士形象的古老象徵，牧夫反映了戰士行為的特點——不受控於更高的精神指引及目標。它更指出戰士面對祭司權威的反叛行為。傳統上，熊和野豬經常用作比對，而野豬代表德魯伊教（druids）的祭司角色。亞瑟王（King Arthur）接受梅林（Merlin）指導的形象，顯示出精神與世俗權威之間的正確關係。在另一個的層面上，牧夫過度重視具體的行動，這一點透過他總是攜帶著大量的武器來體現。牧夫座的某顆星被恰當地命名為「第一公民」（Princeps，譯註：中文的恆星名為七公七），拉丁語為「王子」，懲治的行為和暴力始終是王室的特權，一種世俗權力。基本上，熊與野豬反映了行動與沉思的對立面。

大角（Arcturus）是最明亮的熊的看守者，有著火星和木星般的戰爭特質，帶來成就及有效率的積極行動。然而，它跟角宿一很

接近，要確認哪顆恆星被星盤中的行星激活，可使用第二章提及的方法。

　　位於牧夫座矛桿上的七公七，以及左肩上的招搖（Seginus），其影響力不像主星大角那麼正面，成功將伴隨大量問題。招搖是一顆代表失敗和不良結局的恆星，因叛逆及無定向的行動引起難題。

> 　　主題：具體行動應受指導和節制，衝動行為會帶來問題；與農業和狩獵有關；過度重視具體行動；聖戰；錯誤地認為治療表面症狀為真正的解決之道。

公牛 ── 金牛座（TAURUS）

　　宙斯化成公牛綁架了年輕女孩歐羅巴（Europa）──靈魂的形象，並將她從亞洲帶到她的出生地克里特島。這說明了靈魂應透過物質回歸根源，而不應陷入其中，同時也象徵靈魂必須體驗物質世界，才可進一步發展。

　　畢宿五是金牛座中最大的恆星，亦是四大守望者之一，代表春季及新開始。它是金牛座的左眼，固定在地球及物質生命上。右眼則望向代表神聖的另一方。這是顆帶來成就的強大恆星，若落在星盤上的重要位置，可成就當事人的事業。儘管如此，它亦是個合適的位置，

讓人探索靈性，通過物質抵達靈魂之地——象徵人類靈性起源的克里特島。畢宿五是一顆強烈的紅色恆星，表現出純粹的軍事性質、有效的實質行動，以及春季的成長與擴張力量。這不是一顆很和諧的恆星，它帶來物質成就，但危險之處在於停滯不前。金錢和成功確實帶來愉悅，但天堂與世俗之間還存有更多事物，而金牛座的神話就是要求你繼續前進，否則可能會對生命造成不良影響。公牛是危險、具有侵略性的動物，是一團粗糙物質，擁有捲起風暴的能力。在推運中被引動的畢宿五會帶來暴力。星盤中該恆星突顯的人可能是麻煩製造者，因這顆恆星包含大量火星能量。

五車五（El Nath）及天關（Al Hecka）分別是公牛的北角及南角，通常南角與意外有緊密關連，是兩者中較為殘忍的一個。兩者並非愉悅的恆星，因它們皆為公牛的武器。如果你能夠拋開對財富和成就的執迷，去尋找屬於自己的克里特島，那公牛中的恆星將以更正面的方式運作。如果你執著於成就，它將會帶來無止境的掙扎，因為公牛是兇猛的野獸。

公牛神話裡的另一個與儀式有關的形象是鬥牛。鬥牛士示範了如何處理物質：他與公牛玩樂，與之共舞，最後殺死這頭野獸，讓牠回到靈魂之地克里特島。僅站在公牛的前路上是行不通的，你不能否認牠的存在，否則牠會把你壓垮。但你可以與牠共舞而非依附著牠，使牠精疲力竭後成為牠的主人。戰鬥結束後，公牛必須被殺死，就如我們必須放下對成功的強烈依戀。這種與物質的關係是金牛座的中心主題，透過星座符號上如月亮般的牛角顯示出來。這個符號代表牡羊座的第一個火象的角進入了第二階段——初始（牡羊座）展現的衝動已化為現實。世俗與天堂相對，而作為代表世俗的基本符號———月亮，恰如其分地在土象的金牛座入旺。

昴宿星團（Pleiades）及畢宿星團（Hyades）均位於天文學上的金牛座，主題也關連到與殘酷和物質現實進行對抗。

> 主題：*巨大的物質成就；必須體驗生命的物質層面，但也要捨棄對其依戀；純粹的物質力量；暴力；肉慾；成功的新開始。*

巨蟹座（CANCER）

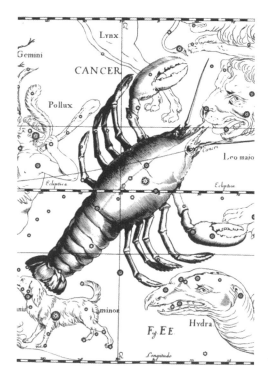

當海克力士（Hecules）與九頭蛇（Hydra）戰鬥時，他被巨蟹座的螃蟹咬傷腳跟，象徵其脆弱的盲點。巨蟹座代表人類的慾望，是種基本的衝動，缺乏這種衝動便不可能產生行動或生命。海克力士殺死螃蟹的事實表明，正確的行動是解決問題的辦法，而慾望應被引導到正確的行動中。碎裂的巨蟹殘骸由鬼宿星團（Praesepe）中的多顆恆星所代表，屬於整個巨蟹座神話的一部分。

柳宿增三（Acubens）是巨蟹座的主星，正是弄傷海克力士的南方的鉗爪，所以其意義是負面的。牠企圖擾亂海克力士跟九頭蛇至關重要的戰鬥，代表微小的慾望干擾重大的工作。在古時，巨蟹座也被稱為「章魚」，一頭將你帶進慾望深海的凶惡妖怪。巨蟹座也跟北交點有關。章魚和螃蟹也有相似的象徵，兩者均在汪洋中隨波逐流，不會選擇自己的方向。

兩頭驢子（*The Asses*）

代表巨蟹座重要部分的是兩顆驢子星（Aselli）——北方的驢子和南方的驢子，以及在螃蟹中間的「飼料槽」，極凶惡的鬼宿星團。在眾神與泰坦（Titans）的戰鬥中，火神伏爾甘（Vulcan）和酒神巴克斯（Bacchus）騎著驢子出戰，據說驢子發出的聲音把泰坦嚇跑了。因此，征服動物本能所帶來的力量能勝過泰坦，令人免受性命威脅。驢子是撒旦權力的古老象徵，這就是耶穌騎驢進入耶路撒冷的原因，代表祂已經征服了邪惡。因此，人們在道路上鋪放棕櫚葉來代表生命之樹的永恆合一，也代表它與知識之樹的相對形象。在生命之樹中，沒有蛇的存在，即沒有二元性的出現。

因此，驢子星亦帶有「聽從主人」的意思。在基督教的象徵意義裡，我們可以發現這一點，因驢子和牛都住在馬廄或牛棚內（更確切的說，以洞穴作為人類深邃蒙昧心靈的象徵）。聖光作為上帝之子，誕生於人間，控制邪惡（驢子）與物質（牛）。當然，這種服務在實際上可能會帶來負面結果，全取決於你所跟隨的主人。一般來說，南方的驢子比北方的驢子（譯註：分別指鬼宿四及鬼宿三）更凶險。

巨蟹座最凶險的部分是飼料槽，被稱為「蜂巢」或「馬槽」，中國人稱其為「積屍氣」。這是個空無一物的飼料槽，一個餵養動物的食槽，因此擁有非常物質化的象徵意義。即將出生的國王不會出現在此處，而這裡也不會有吉兆。你可以將鬼宿星團視為第二個大陵五一般，擁有極強凶性。它亦被稱作「巨蟹之心」，但螃蟹並沒有心臟，沒法抵抗狂潮般的慾望，只能隨波逐流。因海克力士殺死了螃蟹，這顆星也意味著殺戮和粉碎。鬼宿星團與大陵五在世運占星中也扮演重

要角色。

獅子座 7° 至 9° 的飼料槽及驢子構成了一個完整的災難逐漸升級的主題。它們是如此緊密地聯繫在一起不是沒有原因的。鬼宿星團代表隨心所欲、無邊無際的惡意。驢子被眾神騎乘，代表惡意受到某程度上的控制。北方的驢子受到最嚴密的控制，而南方的驢子黑暗勢力更為強大，能威脅及擺脫它的騎手。這種象徵意義源於南方的驢子是雌性的，而陰性的月亮能量經常被認為較易受到惡魔誘惑。這亦是夏娃的角色象徵。顯然這純綷是一種象徵意義，陰性的月亮被視為是人類較為世俗的一面，僅此而已。

占星學上黃道十二星座的巨蟹座是水象的開創星座，有一種搶先行動的渴求。它會說：「對，我想要這個」，這也對應了上述天文星座的象徵。黃道十二星座對天文學上的黃道星座來說是靈性來源，擁有著相同名稱，但並不代表它們是相同的。傳統上，巨蟹座是種子的外殼，包含著發展的可能性，因此與北交點有關——讓我們進入生命、渴求經驗的那扇大門。從這個角度來看，便能理解為何代表擴張及成果的木星會在巨蟹座入旺。

巨蟹座展現出的主要信息是對目標保持專注，與九頭蛇的戰鬥，以及不因腳跟（容易受傷之處）被螃蟹咬傷而分心，你必須採取正確行動來粉碎牠。驢子是不可或缺的一部分，因牠們或多或少表現出被征服的物質力量，以及為主人服務的想法，理想層面是為神聖原則服務。飼料槽是最黑暗的地方，釋放出無止境的慾望，可能會導致流血、混亂及分裂。

　　主題：專注於重要的工作，不可因螃蟹所代表的微小慾望咬傷你的腳跟而轉移目標；採取正確而積極的行動；混亂；無止境地滿足慾望而導致災難性後果。

摩羯座（CAPRICORN）

　　擁有魚尾的神秘山羊，或被視為「山羊魚」的形象，指示出一種過渡狀態或過程。據說這與半山羊的牧神潘（Pan）的故事有關，他突然遭遇可怕的堤豐（Typhon）（死亡），馬上跳進尼羅河裡，化成山羊魚逃脫。作為占星學中的黃道星座，摩羯座連接冬至點，在另

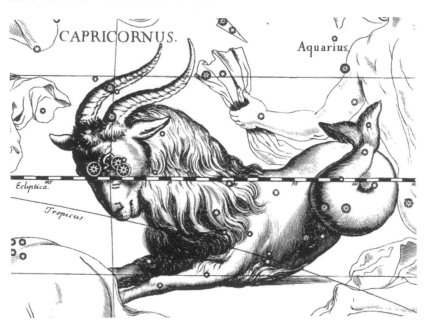

一層面上展開新週期。這也透過神話表現出來——潘是腳踏實地生活的自然象徵，通過轉化自己的型態，從死亡中逃脫出來。生命會以更具靈性的方式在另一層次上延續，因魚類代表的是更高意識——魚從不睡眠，且能夠在慾望之海中自由暢泳。耶穌因同樣理由而被稱為「魚」。魚類還能夠駕馭野生水域的危險。

牛宿一（Dabih）和壘壁陣四（Deneb Algedi）是摩羯座中最強大的恆星。它們屬第三星等，星座裡的其他恆星都不及它們明亮。這符合冬至的象徵意義，以及進入新週期前的種子階段——一切看似靜止不動，但變化已在幕後的另一層面上展開。摩羯座的某些恆星具有顯著的正面影響：敏銳的智慧以及為犧牲所作的準備，因摩羯座是連接更高維度的大門。

摩羯座的恆星與冬季的停滯有關。因此它們幾乎沒有外顯的行動，並代表著某程度的垂死狀態，等待在另一層面上的結果。摩羯座在古時被稱為「海豚」，能擺脫物質的束縛。它與巨蟹座純粹的生命慾望互相對應，而巨蟹座則聯繫到黑暗的章魚形象。巨蟹座——章魚能量，屬於邪惡而野心勃勃的北交點。摩羯座——海豚能量，屬於帶來痛苦限制的南交點，同時亦帶來解脫，讓你脫離生命。

顧名思義，海豚在命名上與著名的德爾斐（Delphi）神諭有關。海豚，即摩羯座與更高層次的聯繫也表明了這一點，同時亦帶來知識。在黃道十二星座中摩羯座是代表冬至的符號，主星為黑暗而痛苦的土星，旺主星為火星，這表明你需要勇氣才能穿越黑暗。

主題：在更高層次上的解脫與誕生；結束與死亡；停
滯；冬至；極少的外顯行動；逃離威脅你的敵人；在迫近的
危險壓力下產生的痛苦變化。

半人馬座（CENTAUR）── 福洛斯（PHOLUS）──

半人馬座的形象一半是馬，一半是人類，以意識領導強大的本
能，但常會出現本能佔據上風的危機。天堂的半人馬座代表福洛斯與
凱龍（Chiron）相似，以上半身的人性作為主導，更具文明。我們
在許多圖像中能看到他刺穿豹狼的畫面。福洛斯也是酒桶的守衛，當
海克力士到訪時，他打開了酒桶。其他非文明的半人馬嗅到葡萄酒的
氣味，衝進福洛斯的山洞，海克力士便用沾上九頭蛇劇毒的箭殺死他
們。福洛斯對毒箭的力量感到著迷，從死去的半人馬身上拔出一支
箭，不慎弄傷自己而死。

因此，假如我們被害死福洛斯的神秘毒藥所誘惑，九頭蛇毒
液──慾望的本質便會帶來可怕的後果。與不死的凱龍相反，凡人福
洛斯並非天資卓越的英雄導師，只是好奇心較強。

儘管他們有強烈的人類本性，但像凱龍及福洛斯這類半人馬仍是
不討喜並難以預測的生物，知識和慾望緊密相連。兩個故事的主題，
均講述了本能凌駕於文明之上所帶來的危機。毒箭細小的尖角足以致
命，所以福洛斯的神話道出了微小行動帶來的危險後果。福洛斯單純

出於好奇，但當他拾起毒箭近看時卻誤殺了自己。

　　半人馬座的南門二（Bungula）常表現出放縱的行為，半人馬在動物本能的部分非常強壯，南門二位於左足，而左邊在拉丁語中有邪惡（Sinister）之意，總被認為是不利的。馬腹一（Agena）位於較為正面的右足，代表半人馬較為良好的一半，擁有木星和金星般的特質。據說它賦予榮譽、優雅、道德和健康。兩顆星都屬於第一級星等的精英恆星，對生命產生強有力的影響。

主題：抵抗強烈本能；看似無害的微細事物會帶來嚴重後果；慾望及意志之間的強大張力；慾望可能帶來壓倒性打擊；無知的好奇帶來眾多問題，即「好奇心害死貓」（譯註：英國諺語）。

車夫──御夫座（AURIGA）

厄里克托尼俄斯（Erichtonius）是火神伏爾甘的兒子，他被描繪為立於戰車上，足部似蛇形。他抱著一隻名為阿瑪爾忒亞

（Amalthea）的母山羊，這隻母羊是朱比特的乳娘。該形象代表正確的行動與速度，但這種矯健而精準的行為可能會被削弱，因似蛇形的足部是其弱點。它代表因為慾望而誤入歧途，並與「粘土腳」（feet of clay，譯註：意為潛在的致命缺陷）的形象有所關聯。我們看到聰明的車夫製作了工具，幫助他以迅速的動作克服足部似蛇形的弱點。母山羊阿瑪爾忒亞代表著伴隨所有行動的溫柔，若缺少這份溫柔，車夫便淪為運氣不好的飛行員或是無情的激進份子。

屬於第一級星等的強大恆星五車二（Capella）便是那隻小母山羊，所以這顆星帶出的是溫柔的元素。五車二很接近車夫的心臟。這顆恆星落在一級方程式車手尼基‧勞達的上升點。唐納‧川普（Donald Trump）的太陽及北交點也會合這顆恆星。在御夫座上另一顆與占星有關的恆星為五車三（Menkalinan），位於車夫的肩膀上，擁有更強凶性。它帶來純粹迅速的行動，並無憐愛之心。

主題：迅速及創新的行動應伴隨溫柔與憐憫；避免過分狂熱；通常與運輸和交通有關。

巨爵座（CUP）與烏鴉座（CROW）

烏鴉忘記了太陽神阿波羅（Apollo）給他的神聖任務——用井水注滿杯子。烏鴉前往井口的途中，看到樹上成熟的無花果。這些果實

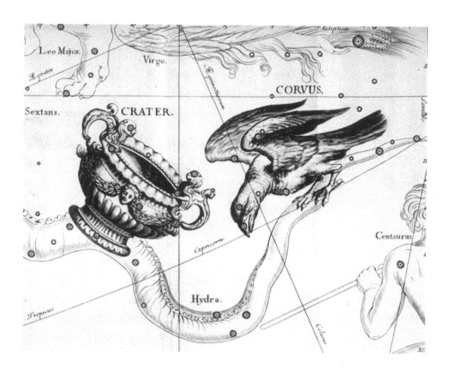

對牠來說極為誘人，使牠不禁停下來品嘗。結果牠太晚才回到太陽神處，便對阿波羅撒謊，指九頭蛇擋住了通往水井的道路。神話中的杯子是酒神巴克斯之杯，指出我們遺忘了光榮神聖的起源，因此杯中可能放滿了毒藥，但它同時仍是聖杯。問題是：我們是否會忘記投身於肉體之前的目的，抑或我們可以將那段記憶銘記於心嗎？這由烏鴉的任務指出——牠因看到了無花果而無法達成目標。

按神話所說，聖杯是天使以翡翠製成，曾放在晨曦天使路西法（Lucifer）的額頭上，他因背叛神而墮落成撒旦。翡翠的位置與第三眼有關，非實體的第三眼可以看見原始的合一及真相，不受外物所擾。給烏鴉裝滿水的杯子與亞利馬太的約瑟（Joseph of Arimathea）

收集基督所獻祭之血的聖杯是相似的，帶來了救贖，也回歸到非二元性的原始合一。聖杯和長矛經常一同出現在圖像中，這是朗基努斯之矛（Longinus），刺穿釘在十字架上的基督。長矛是天極點的象徵，或作為最崇高的中心點——上帝。水和血液，即精神和靈魂從傷口湧出，透過犧牲來淨化，被收集在聖杯中，這種煉金術的意涵清晰可見。杯子還代表女性的接納能力，在煉金術上與黑土有關——漆黑在這裡指的是純淨，一種準備全然接受的意向。

烏鴉座的主星——軫宿三（Algorab）強烈地關聯到穿越世俗的塵泥，通向極樂美好的天堂。但為了吃無花果而停下來的烏鴉卻會受到阿波羅的懲罰。翼宿七（Labrum）為巨爵座的主星，代表那個不容忽視的杯子，與狗國四（Terebellum）及右更二（Al Pherg）同被視為宿命之星。《聖經》中基督的話語就是關於這個主題。如果翼宿七被引動，宿命將會找上你。長久以來已存在的事情將會一觸即發，使你不得不面對接踵而來的後果。烏鴉應無視無花果，完成注滿水杯的目標，所以巨爵座與烏鴉座在神話中是密不可分的。

巨爵座和烏鴉座在天空中位於九頭蛇的上邊，強調了蛇代表慾望的角色。神話的中心主題是更誘人的事物出現使你遺忘了任務。這也清楚解釋為何烏鴉座與不可信賴有關，而巨爵座則與智力、成就及宗教有關。如前所述，整個神話主題由兩個星座共同演繹，藉由翼宿七和軫宿三來表現，只是它們描繪的重點不同。

> 主題：培養人類對神聖起源的知識；別因更吸引的事物而放棄任務；宿命的事件；謊言；在凡塵俗世中尋找神聖之美。

犬－大犬與小犬－大犬座（*CANIS MAJOR*）與小犬座（*CANIS MINOR*）

　　兩者均為兇猛野獸，需要明確的外部指引及導向。大犬是粗心而危險的動物，會發出吵鬧的吠叫聲，公開嚇唬、攻擊及咬傷別人。小犬是隻惹人生厭的兇猛小狗，製造出大量麻煩，但比哥哥聰明靈巧。在大犬座嘴巴上的天狼星（Sirius）會帶來巨大成就，因牠隨時作好戰鬥的準備，但這種熾熱的能量應被導往正確方向。天狼星是歐羅巴的守衛——守護著靈魂。過於愚笨及好鬥的牠難以管理自己，卻能成為非常能幹的將軍或守衛。這情況亦同樣發生在小犬座的主星南河三

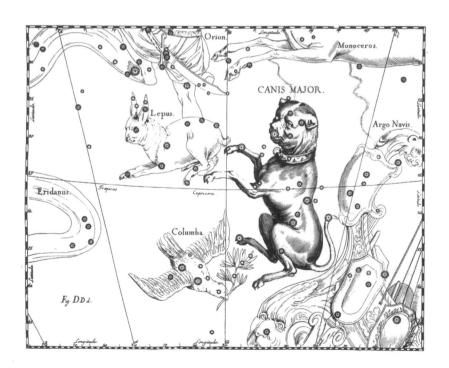

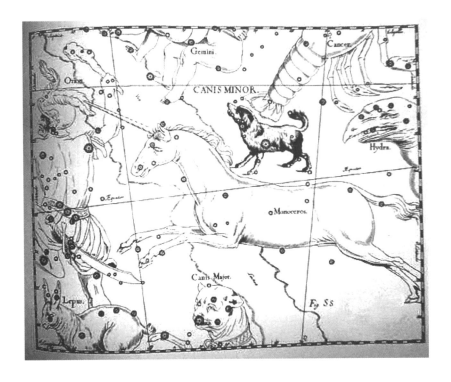

（Procyon）上。兩顆恆星都很明亮，在生命中產生強大影響，帶來莫大成就。小犬經常出現在一些以自我方式行事，違抗權力之人的星盤上。

主題：避免魯莽的侵略；應受訓練的好鬥之心；接受指導；不可或缺的副手；大量成功。

鴿子 —— 天鴿座（COLUMBA）

這是個可愛的星座，但與黃道相距太遠，所以沒有太大影響力。它唯一具有占星學意義的恆星是丈人一（Phact），帶有愉悅的金星和水星性質。天鴿座並非傳統的星座，是到了 1679 年才被創造出來，在這裡會被提及僅因為丈人一屬於此星座。可以假設天鴿座是在丈人一周圍形成的一個新星座，而丈人一的影響在古典占星學裡已為人熟知，因此天鴿座與其主要恆星的含義是一致的。

> 主題：自覺，積極地表達可愛與美麗。

鷹 —— 天鷹座（AQUILA）

這是由朱比特化身而成的鷹，他俯衝而下，將最美麗的凡人伽倪墨得斯帶入神聖的奧林匹亞世界。伽倪墨得斯一直竭盡所能來淨化自己，從眾神身上獲得恩典。這個天文星座曾被稱作「飛行的鷹」（Flying Grype），而禿鷲經常被視為聖鳥。儘管牠們把頭埋進腐肉裡卻依然保持純淨，沒沾上骯髒的泥土。鷹能夠直視太陽，象徵真理與合一，這是真正的智慧，直接連接真理之源。

主要恆星河鼓二位於鷹的脖子上（禿鷲最純淨的位置），此恆星

在靈性層面上帶來強大的抱負,其危機在於心靈上的傲慢,鄙視那些不懂更高知識的普通人。鷹也由惡毒的蠍子轉化而成,象徵神聖的傳教士聖約翰(St. John)(請參閱天蠍座)。在此星座中次要的恆星為右旗三(Deneb Okab)──鷹之尾。

主題:豐盛的心靈志向;強烈的奉獻精神;高等知識;純淨;往上移動;心靈上的傲慢和輕蔑所帶來的危機。

魚 —— 雙魚座（*PISCES*）

　　這個星座指出：必須放棄所愛，否則便無法進步。兩條魚向相反方向游動，一上一下的形象，表明只要作出犧牲，由魚所象徵的神聖仁慈便會降臨。這也可以關聯到聖經故事裡的五餅二魚，餵食群眾之恩，同時代表兩顆發光體及五顆行星掌管著地球上的一切。太陽（上方垂直的魚）以及月亮（下方橫向的魚）之間的連接，即太陽的神聖能量及月亮的世俗力量之間的連接正是此星座的主題，透過綑綁兩條魚的神秘繩線清晰地表現出來。

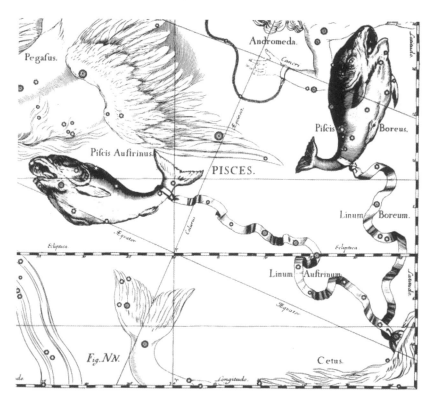

在星座層面上，這再次帶出了交點軸的形象。日月的軌道在這些位置上合一，作為生命進出的門檻。右更二是雙魚座中唯一具有占星意義的恆星，但在傳統上它惡名昭彰。因為它是一顆與堤豐的頭（Head of Typhon，象徵死亡）有關的宿命之星。從這層面來看，便能理解了：月交點如果在推運中被引動，通常會為生命帶來重大而根本性的轉變，它們代表開始與終結。

雙魚座是黃道上的最後一個星座，這也標誌著宿命般的決定性時刻。這是最後的機會，假如以此為契機作出犧牲，事情將會延續下去。否則你將陷入困境，事情將告終，正如右更二那宿命的本質。金星在雙魚座入旺，表示在週期的末尾，對立性已經消融。

> 主題：犧牲你真正想保留的事物；宿命的事件；一個週期的最後階段；最後的機會。

畢宿星團（HYADES）

畢宿星團是天文學上的金牛座裡的雲狀星團，和昴宿星團的七姊妹是同父異母。兩組星團的中心主題也相似——失望及歪曲的善意。七姊妹受託照顧尚為嬰兒的酒神巴克斯，他長大後卻成為無可救藥的醉漢。因此，我們必須帶著批判的眼光分析她們的意向——她們是否也不夠實際？七姊妹的父親阿特拉斯（Atlas）是著名的泰坦

神族，肩負著整個世界的重擔，也描繪著相同主題。畢宿四（Prima Hyadum）為畢宿星團第一恆星，也是星團的主要恆星。作為金牛座的一部分，它們也代表了物質生活中必經的失望。

主題：意圖良好但結果出錯 ；失望。

水蛇 ── 長蛇座（HYDRA）

這個星座在天空中位於獅子座旁邊，它的主題也與其相似。獅子座是對權力的原始慾望，而九頭蛇是慾望本身的形象──呼出致命毒氣的多頭妖怪。這表現出我們對物質依戀的真實本性，赤裸地顯露慾望。要將九頭蛇擊倒並不容易，因為牠擁有多個蛇頭，即使你成功斬掉一個頭，很快又會重新長出另一個。如果一種慾望被征服，會出現另一種慾望取而代之。九頭蛇在堤豐（死亡）和厄咯德娜（Echidna，大地，半蛇身女怪）的不幸結合中誕生。

擊敗這頭妖怪的是海克力士──征服慾望的重要英雄。蛇頭被逐一砍斷也無法將九頭蛇置於死地，阻止頭部重生的唯一方法就是用火焰來潔淨傷口（象徵內在的精神鬥爭）。剩下最後一個不朽的頭顱時，必須像海克力士般徒手將它拔下，並埋在石頭下才可消滅它。人類慾望的某些核心部分無法在塵世間熄滅，但能以堅不可摧的石頭壓制（如透過「十誡」[Ten Commandments] 等道德規範）。

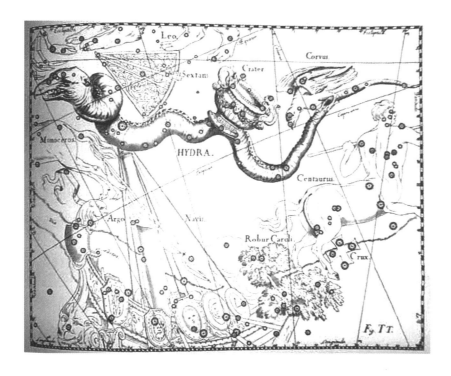

　　星宿一（Alphard）是九頭蛇的心臟，是牠的本質，亦是長蛇座中唯一具有占星學意義的恆星。它可被理解為缺乏自律及扭曲道德的行為。但如果擊敗了九頭蛇，則可通過經驗獲得智慧。這顆恆星通常令人對慾望心理有敏銳的洞察力，並對人格有良好的判斷，能夠操縱他人，我們可以在政治家的星盤上看到這顆恆星。

　　主題：因懷著強烈的渴望有意識地作出重大犧牲；與慾望的內在鬥爭；受道德規範及選擇所控制；對慾望心理的敏銳洞察力，借助這種知識操縱人心。

獵犬 —— 獵犬座（*CANES VENATICI*）

　　獵犬座是在牧夫座附近呈雲霧般的球狀星團，代表他似乎正用皮帶牽著狗。這並非古典的天文星座，之所以在這裡提及它，是因為當中的渦狀星系（Copula）是一顆婚姻星，為人際關係（「交配」）帶來裨益。顯然這顆星帶來一種「選擇性失明」——對伴侶缺乏吸引力的一面視而不見，其主題似乎與牧夫座的神話及獵犬的形象無關。但渦狀星系確實有上述的影響，像這種跟古典天文星座無關的恆星被稱為「無定型」星體。

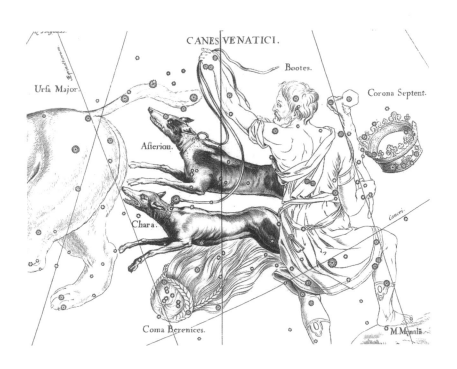

獅子座（*LEO*）

　　獅子座是一頭尼米亞獅子（Nemean Lion），同樣是堤豐和厄咯德娜在不倫結合後誕下的眾多後裔之一，而堤豐和厄咯德娜作為威脅眾神性命的危險敵手，一直意圖消滅奧林匹克的精神之光。獅子是兇猛的野獸，代表著無情的野心，以及對權力的狂熱慾望。無論付出多少代價，獅子都希望成為至高無上的國王。被視為英雄的海克力士再次殺死了這頭怪物，剝下牠的皮，披在自己的肩膀上。這表明他善用了獅子的雄心壯志及決斷力，而不是被這股力量反噬。他必須要這樣做，否則會導致多不勝數的困難，因為獅子的原始野心會使人盲目，不受引導，無法節制。

　　獅子座上的所有恆星，包括嘴巴上的軒轅九（Algenubi）、鬃毛上的軒轅十一、頭上的軒轅十三（Al Jabhah）、心臟的軒轅十四、背部的太微右垣五（Zosma）及尾巴的五帝座一（Denebola），均導致令人不快的影響。然而，如果你能有意識地捨棄和節制無邊界的原始野心，像海克力士殺掉獅子，駕馭其力量那樣，情況會變得更好一些。軒轅十四是獅子的心臟，作為獅子的精髓，它是最著名、最強大的皇家恆星，能帶來榮耀的寶座。它能帶來莫大成就，但也可能因盲目和狂熱的野心而從高位墜下。「Regulus」在拉丁語意指「小國王」，也是一名羅馬將軍的名字。他固執己見，長期與迦太基（Carthage）作戰，最終被對手殘酷處決。他死去時被綑綁在炎熱的沙漠烈陽下，在無情的強光下被迫睜大雙眼，反過來成為了受迫害者。這是一個警告，在軒轅十四上的行星可能為你帶來強大權力，但如果你不捨棄原始的野心，也可能以某種形式衰亡。

　　一個戲劇性的例子就是頗具影響力的荷蘭新聞記者及電影導演西奧‧梵谷（Theo van Gogh），他堅持直言不諱地挑釁那些反對他的穆斯林虔誠信徒，最後被其中一人殺害。他的命主星落在軒轅十四上，而他的姓氏確實對職業生涯有莫大的幫助，與星盤中這個配置也確實有關。他是畫家梵谷的兄弟之曾孫。獅子座是死亡（堤豐）和大地（厄咯德娜）之子，牠嘗試英勇地取得一個不朽的名聲（「我是最偉大的，他們最終會看到這一點」），企圖逃避生命的短暫性。因此，為了得到榮耀，他不惜置人道於不顧。這也表現了傳統的權威與輝煌過去的聯繫。

　　五帝座一是獅子的尾巴，與獅子座中的其他恆星也指向同一主

題，但它特別警告挑釁和衝動的行為。太微右垣五是無人可駕馭的獅子背部。不論喜歡與否，都會受到嘴巴上的軒轅九影響，而鬃毛上的軒轅十一及軒轅十二與軒轅十四上很接近，甚少分開解讀。

> 主題：犧牲；盲目而不惜一切地追求權力的野心；追求不朽之名，既不可能又不可取；沒必要不顧一切成為第一。

里拉琴 —— 天琴座（LYRA）

天琴座對應到鷹，也被稱為降落的鷹（Fallig Grype）。鷹在高空飛翔後必須返回世間，這個星座將上空所見所聞帶回塵世，因此與藝術和教育息息相關。里拉琴是墨丘利（Mercury）製造的第一個樂器，在方形龜殼罩上緊緊了三根弦。這是宇宙的形象，以三代表靈性，以四代表物質，而這也是占星學的根源。所以里拉琴能奏出宇宙的完整樂章，但因為鷹正回到塵世，所以在靈性抱負上不及河鼓二——向上飛的鷹。通常形容主星織女一的關鍵詞都是正面的。在某些世運占星的情況中，禿鷲降落可能是非常險惡的徵象，但就一般而言，織女一代表著藝術才華。

> 主題：在塵世中透過藝術和教育，描繪出更高的神聖世界。

北方的皇冠—— *北冕座*（*CORONA BOREALIS*） ——————

　　這是阿里阿德涅（Ariadne）被忒修斯（Theseus）拋棄後，與狄俄倪索斯（Dionysus）結婚時，維納斯贈送給她的結婚禮物——花環。因此，這個星座與藝術才華及美感有關。

　　皇冠代表成就，亦是此星座上唯一與占星學有關的恆星——貫索四（Alphecca）的意涵。

> 主題：*表現美感。*

獵人 ── 獵戶座（ORION）

　　獵戶座大於多數的天文星座，很容易在天空中辨別出來。這帶出了它對我們的重大意義，甚至有人認為，靈魂需經過獵戶座才可化為實體。俄里翁（Orion）是神話中的巨人，他是個傲慢自大的獵人，最終高估了自己的力量。他在狩獵時屢戰屢勝，便認為自己無所不能，能擊敗所有人，獵殺所有動物，過分自誇最終觸怒了眾神。俄里翁的誕生源於牛皮，代表他的物質性，並愚蠢地認為自己最強大。獵戶座是反英雄主角，別指望他會犧牲自己的渴求，他只會盡力滿足自身的慾望。

　　獵戶座最強大的恆星──參宿四（Betelgeuse）及參宿七

（Rigel）具有物質上的力量，能帶來巨大成就，但無法作出進一步發展，只能停滯在物質層面。因此，這些恆星能實現成就，但真正重要的事物只能在其他地方尋到。獵戶座如果過於確信自己的成功，便可能遇上天蠍座（詳見天蠍座），被牠殺死。這裡的中心思想是：時間和死亡將很快戰勝獵戶座的成功。舉例來說，如果獵戶座的參宿四在推運中受到引動，便會出現快速但醜惡的事情：闖禍後逃走。

主題：止於強大的物質成就；短暫的成功；小心高估自己的力量；天蠍座正前來殺掉你。

飛馬座 (*PEGASUS*) ————————————————

　　長有翅膀的珀伽索斯誕生自美杜莎的血液，本質上代表慾望的犧牲。馬是強大本能的象徵，但這匹馬因長有翅膀，正飛往奧林匹斯山——眾神的靈性世界。慾望的強大能量通過智慧之翼導向天堂。英雄柏勒洛豐 (Bellerophon) 馴服了飛馬珀伽索斯，騎在馬背上飛越敵人。他在這個崇高的位置擊敗了對手，其中一頭是獅子、山羊和蛇的可怕合體喀邁拉 (Chimaera)，亦是死亡與大地——堤豐與厄咯德娜的孩子。柏勒洛豐射向喀邁拉的箭並未將牠殺死，因此他將一大塊鉛扔進了噴火怪物的口中，鉛塊融化後便將牠殺死。之所以用上鉛，是因為這金屬由土星主管——一顆代表犧牲、智慧和紀律的行星。

　　神話的忠告埋藏在故事的下半部，柏勒洛豐在首次成功的啟發下，決定主動走進眾神的世界。宙斯因他的傲慢感到不悅，派出了一隻牛虻叮傷珀伽索斯，令柏勒洛豐從馬上摔落墜地。盲目的柏勒洛豐在世間孤獨飄泊，就此度過餘生。

　　繆斯 (Muses) 女神會飲用自飛馬雙蹄流淌出的泉水，她們具有遠見，且信任人類的力量，因此溪流也是所有藝術和科學的泉源。柏勒洛豐是西緒福斯 (Sisiphus) 的兒子，後者因自認聰明機靈而受到哈德斯的懲罰：西緒福斯需要不斷將岩石推上山，當快要到達山頂時，大石又會滾落原處。柏勒洛豐繼承了父親所受到的詛咒。另一個相同的核心主題與泰坦巨人普羅米修斯 (Prometheus，希臘語為「先見之明」) 有關，他因盜取了眾神之火而被宙斯束綁在高加索山脈 (Caucasus)。宙斯每天都會派一隻鷹去吃掉他的肝臟，象徵先見

之明所帶來的痛苦。肝是木星主管的器宮，代表先見之明及監督，激發人採取行動，並信任自己的創造力。

　　半人馬的凱龍放棄了自己的不朽，取代了普羅米修斯，讓他重獲自由，這表明相關神話具有相似之處。人馬座（凱龍）也懷著遠見向未來射箭（計劃）。凱龍的痛苦來自知識和慾望間的張力，且無法通過自身才智來化解。不論是難以領略的還是切實具體的，凱龍的故事主題都與柏勒洛豐、普羅米修斯和西緒福斯相似。這並非指藝術和科學毫無意義，而是指出了其本質上的侷限和危險。我們只要思考潛伏在現代科學中的危機，便能了解這些神話中的重要真理。

室宿二（Scheat）、室宿一（Markab）及壁宿一（Algenib）

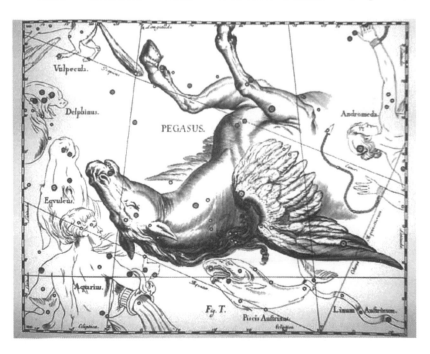

是飛馬座上代表這個故事的恆星，正如所料，它們頗具凶性。在翅膀上的室宿一是當中最為正面的，而位於左腳的室宿二則恰恰相反，因其更貼近泥濘的地面，明顯具有較強的凶性。這三顆恆星都提供了超越物質現實和慾望的機會，但如果不謙卑地觀察及接受人類自身的限制，便會走錯方向。

> 主題：*別高估精神或科學的力量；遵守人為限制；接受指導；別只相信自己的才智和技巧。*

英仙座（PERSEUS）

英仙座的故事與「黑暗皇后」大陵五息息相關。大陵五是擁有蛇髮的戈爾貢女怪美杜莎的頭顱。任何人在缺乏保護的情況下看見美杜莎，便會被石化，象徵靈魂屈服於慾望而亡。重要的一點是，美杜莎不單被描述為可怕的妖怪，更是一位大美人。這說明慾望的本性擁有無比的吸引力，而我們通常沒觀察到它有害的本質。

珀耳修斯是一位偉大的英雄，成功斬下這個猙獰女怪的頭顱，因為他有一個使人隱身的頭盔（拋卻人類的物質本性），亦有翅膀（抽象、清晰的思維）和鏡之盾（具有保護力的智慧和信仰）。他趁美杜莎入睡時偷偷接近，用鏡之盾來觀察她（不能正視她，即需要精神反思的幫助），斬下她的頭顱，日後用來石化敵人。這表示

大陵五會為你帶來徹底的超脫，使你從所有操縱中得以解放。只有你將自我鎖進慾望裡，其他人才能操控你。假如你預備捨棄慾望，便能獲得自由。

　　大陵五是這個星座的中心恆星，是具有石化作用的美杜莎頭顱。即使其凶性會因自願放棄慾望而減弱，這仍是天空中最凶惡的恆星。這裡要選擇的是：你會斬掉她的頭，還是讓她斬掉你的頭？大陵五是非常卑鄙的，當它活躍時，所有美麗的外表最終會被帶走，而你將面對生命中未經修飾的現實。但如果你有勇氣拾起珀耳修斯之劍，便能獲得很大程度的勝利。從天文學來看，大陵五是一顆星等起伏不定的恆星，就像不斷經歷日蝕的太陽一般。標誌著它對生命產生惡劣的影

響。一顆被引動的大陵五要求明確辨別的能力——只保留本質，切斷不需要的事物，即使它表面上非常誘人。

天船二是珀耳修斯劍柄上的恆星，但它與大陵五相當接近，被美杜莎的頭顱所遮掩著，它們無疑來自同一故事。天船二亦是雲狀的恆星，因此無論從字面上還是在形象上而言都會損害視力。

一個表現出大陵五能令事物變成極具誘惑的顯著例子，就是這顆凶星落在史蒂夫·賈伯斯（Steve Jobs）星盤上第三宮的宮始點。每當新型號的蘋果手機即將推出，人群便在商店門前紮營，以便搶先購買。因為這種誘人的魅力，大陵五也可能是巨大成功的標誌。在米克·傑格（Mick Jagger）的星盤中，月亮落在大陵五上。在川普的星盤中，大陵五位於天頂的位置。因此，不要僅從字面上將大陵五誤解成流血和災難，儘管它確實具有上述影響，尤其是在世運占星學中。但在生活中，它有更微妙的表現方式。從某種意義來說，這顆恆星包含著世俗中靈性問題的本質，亦是大陵五擁有巨大力量的原因。

主題：徹底捨棄與物質的關聯及強烈慾望；迷惑人心的外表；使他人迷失或迷失自我（或兩者同時發生）；流血；拋棄不需要的一切；清晰地辨別本質；從操縱中解放。

昴宿星團（PLEIADES） ————————————

　　昴宿星團是金牛座中著名的七顆恆星構成的星團。她們是泰坦（凡間巨人）阿特拉斯的女兒，這表明她們直接與物質本性相關。之所以有七顆，是因為它們與七顆行星有關——連接天堂與凡間——這正是把你拉進物質世界的因素。她們被宇宙巨人俄里翁所追趕，俄里翁是沒有靈性面向的反英雄人物，這表現出七姊妹與錯誤及失望扯上關係，帶來極凶的影響。昴宿六（Alcyone）是星群中的主要恆星，切斷我們所嚮往的，即行星背後的神聖維度。所以昴宿星團亦可能會致盲。

　　這進一步表明，整個星團的外觀如星雲一般，有「淚水星雲」之稱。由於她們是姊妹，有時會指出家庭的問題。昴宿六現今已進入雙子座，而其他星團的恆星仍留在金牛座。在吠陀神話中，昴宿星團是七賢者 (Seven Sages) 的妻子，而七賢者位於大熊座，環繞著象徵神聖中心的天極點（God-Pole）。賢者的妻子被引誘，背離了天極點，落到遙遠的黃道，解釋了該星團何以帶來失望和割捨。連同大陵五及關係密切的畢宿星團七顆星在內，它們在金牛座 25° 至雙子座 5° 之間形成了一個延伸的危機區域，顯然這個區域正逐步向雙子座擴展。

　　主題：失望、淚水 ；出錯 ；直接對抗物質現實 ；家庭問題 ；失明。詳見「金牛座」。

公羊 —— 白羊座（ARIES）

　　這是富有太陽特質的動物，是一種精神的象徵，而且在神話中，恰恰是一隻金色公羊將佛里克索斯和赫勒（Helle）兄妹從邪惡的繼母伊諾（Ino）那裡救出來，而繼母則象徵物質的紐帶。佛里克索斯和赫勒騎在金色公羊背上飛往天堂，但赫勒因俯瞰而掉進大海（其名赫勒斯滂 [Hellespont]，在希臘語中意為「赫勒之海」），無法達成目標。兄妹代表著靈魂的兩個部分，妹妹代表陰性面向，通常較為世俗，無法完成靈性的飛行之旅。而哥哥擺脫了世俗層面，沒有受其影響。這是一個神話傳說，如果你騎在金色公羊的背上飛行，世俗部分的靈魂將毫無用處，因為它會將你拽下來。

　　故事尚未結束，佛里克索斯抵達終點後獻祭了金色公羊，並找到屬於自己的寧靜。他把金色的公羊皮獻給埃厄忒斯（Aëtes）國王——太陽神赫利俄斯（Helios）的兒子。此舉強調回歸源頭的主題，當中需要作出的犧牲，可以更具體翻譯為「懂得適可而止」。即使戰鬥如何艱難，結束後也不再需要武器了。在更高的層次上，這表現出一種精神上的節制。眾神會賜予你面對生命的工具及洞察力，但你必須將這些歸還給源頭，因為它們僅供你在特定時間內使用。埃厄忒斯國王保管的公羊皮上長的是金羊毛，是阿耳戈英雄們所嚮往的，這在世俗中被視為神聖的象徵。

　　婁宿三（Hamal）及婁宿一（Sharatan）分別是公羊的南羊角及北羊角。北羊角是慈悲的正面向，而南羊角則是正義的嚴酷面向。但兩顆恆星都有土星及火星的性質，帶來不太愉快的影響。神話的重點——不要掉進赫勒之海，應適時犧牲熾烈的公羊力量。這指出了果

斷的行動，不應因過度的世俗考量而分散注意力（赫勒的墜落）。但
這也突顯了太長時間和過於激烈的危險，這可能是該故事的主要難
題。請謹記這是公羊角，而這種風暴般衝動的力量清楚地表明它對生
命的影響，也說明了如何理解這些恆星，以及控制和善用狂野能量的
必要性。

　　占星學所使用的黃道星座中，牡羊座的符號清楚地顯示了這種新
鮮熾熱的幹勁。最初的線條首次一分為二，象徵羊角。在牡羊座中，
可以看到太陽的火焰熊熊燃燒，太陽在此處入旺，入旺總是帶來誇張
的表現。埃厄忒斯國王將公羊皮或金羊毛適當地保存在一個祭祀戰神
瑪爾斯（Mars）的洞穴中，所以在火星主管的位置（牡羊座）中，

太陽的地位高貴顯赫（譯註：入旺）。金羊毛被掛在樹上，公羊的故事也可能跟耶穌的故事有關，祂也將人類的靈魂帶離了物質界限，回歸源頭。

　　主題：*正確使用公羊的熾熱能量（採取目標為本的積極行動，渴望征服），達成目標時作出犧牲；全心追求真理和事物本質。*

河流 —— 波江座（ERIDANUS）

　　這是法厄同試圖操縱太陽戰車穿越天空時所墜入的河流。他無法駕馭戰車，因為過於高估自己的力量而慘烈地跌進埃里達努斯河（Eridanus）中。這帶出了此星座的教誨：應擺脫傲慢的態度，切勿高估自己，學習真正的謙卑。因此，所有波江座的恆星都帶有土星特質，除了位於河口，被視為大吉星的水委一。在這位置上，苦難和衰落的教訓會化為智慧及經驗。然而，儘管在文獻中有正面描述，水委一還是具有一些陰暗面——篡奪和竊取王國，並在精神上高估自己的力量，破壞王國的發展。傳統上，這條河是邊界的象徵，正如約旦河般的應許之地，人們必須越過它才能達到更高層次。

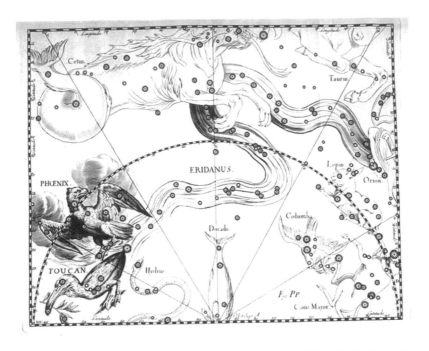

主題：*征服自己（精神上）的驕傲；學會謙虛；避免作出侵奪；切勿高估自身有限的能力；從痛苦的經驗中獲得智慧。*

凱龍──人馬座（*SAGITTARIUS*）

凱龍是半人馬中最聰明的一位，是海克力士、伊阿宋等眾多英雄

的老師及導師。但這裡有一處危險，因為凱龍意外被海克力士射向九
頭蛇的箭矢毒液所傷，而九頭蛇是多頭的慾望之蛇，作為半人馬，即
使是文明的凱龍，也只是半人半獸。因此，他必須謹慎地控制自己的
直覺本能，特別是當他跟海克力士這樣的朋友在一起時。九頭蛇毒液
的危險在於它會令人被原始、無覺知的混亂本能壓倒。在天空中，我
們還發現了另一個半人馬——福洛斯（人龍星），其含義相似但略有
不同。

顯而易見，半人馬凱龍的熾烈熱情導向了靈魂的痛苦拉扯，他受
到九頭蛇毒液中慾望之毒的感染。但凱龍的知識並不足以治癒自己，

因而遭受極大痛苦。在圖像中，下半部馬身的性器官經常被突出，以表現其強烈的原始本能。身受中毒之苦的凱龍是不死的，因此他取代普羅米修斯被宙斯鎖於高加索山脈中（詳見「飛馬座」），也為普羅米修斯放棄了自己的不朽之身。普羅米修斯（「先見之明」）是一個神話人物，與知識和人類的創造力息息相關。凱龍和普羅米修斯之間有著明顯的神話關聯。

人馬座之箭象徵世界的軸點或頂點，傳統上萬物均圍繞這個神聖中心轉動。與這個神聖中心聯結，便可通曉萬物的本質。占星學中的射手座與表現出其形象的天文星座人馬座擁有相同名稱，它是個變動的火象星座，代表它正進入火焰（火象）的下一個階段（變動性），亦是象徵知識和教學的形象。

位於箭頭的斗宿三（Polis）帶來了樂觀、成功、野心和敏銳的洞察力。同樣位於箭頭上的斗宿四（Pelagus）則帶來樂觀、真誠及靈性。被發現在腋下的斗宿六（Ascella）則代表易被操縱，因為當你射出弓箭時，這個部位不受到保護。人馬座球形星團（Facies）是弓箭手面前的雲狀星團，會導致失明、意外及慘死，因此你無法看到自己正射向什麼，同樣的概念亦可應用到建二（Manubrium）及礁湖星雲（Spiculum）。

這些恆星顯示出人馬座的一體兩面（動物及人類），並通過它們在星座中的確切位置來表示其影響力。在人馬座的尾部有一顆引人注目卻極小的恆星狗國四，星等為第六級，儘管看起來很微弱，卻是顆別具影響力的宿命之星，寓意著終將成真的預言。

> 主題：智慧；專注的教導；知識與慾望之間的痛苦張力；知識上的失敗；擁有所有知識卻遭受痛苦傷害。

天秤 —— 天秤座（LIBRA）

這個最神秘的黃道星座曾被稱為蠍子的鉗爪，螯（Chelae），後來才改稱為天秤座。天秤座也是黃道十二星座之一，但星座在重新命

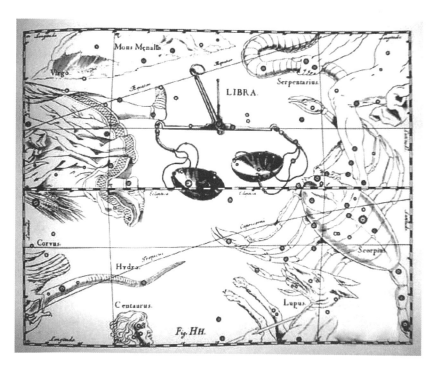

名時，並不會令黃道帶的本質產生變化。南方的秤及北方的秤是一對與正義及慈愛相關的恆星（南方的秤為嚴謹的公義，北方的秤為溫和與慈愛）。南方的秤是皇家恆星之一，是極其強大的正義之拳，可恢復天秤的平衡。天秤在權衡人類的行動，必要時作出糾正或懲罰（因此天秤也是利爪）。

　　當男人和女人如同亞當一般墮入凡塵時，我們無可避免地成為了罪人，在道德上付出的努力遠低於應有的標準。但正如《聖經》中所指，憐憫之心永遠重於公平。這也表現在占星學的天秤座符號上，下方的線代表公平，而上方的線表示憐憫。它表示出上方的神聖之水及下方的世俗流水，上方的弧線象徵彩虹——代表上帝與挪亞（Noah）的恩典之約。金星是天秤座的主星，指出仁慈是主要部分，而土星在天秤座入旺，代表恢復平衡時所需的公正。

　　正如上述所說，天秤座曾是天蠍座的鉗爪。南方的鉗爪為氐宿一（Lucida Lancis），是顆苛刻的凶星，帶來無情的懲罰。堅如磐石的爪子會緊抓不放，猶如宇宙版的《緊急追捕令》（Dirty Harry，譯註：主人公以極端手法懲治犯罪的系列電影）。兩邊鉗爪都屬同一主題，但北方的鉗爪（對等的代價）比南方的鉗爪（不對等的代價）更為溫和。在南方的鉗爪上，你付出的永遠不夠，它會堅持不懈的抓住你，直至工作完成。據說古時候的天秤座位於天極點，以此突出正義仁慈的主題。正如天極之所在也是一切力量的平衡點，它昭示著懲惡揚善的整體思想。後來不知何時，平衡的天秤座失去了天極處的至尊位置，挪到了天蠍座的螯那裡，也就是現在的天秤座位置。天秤座從天極點的退位，也表明很早以前，人類社會的環境氛圍發生過一次重大變化。然而今天的我們對那個古老年代知之甚少。

> 主題：為公義復仇以及憐憫；恢復平衡；嚴厲的糾正措施。

天蠍座（*SCORPIO*）

宇宙巨人俄里翁被蠍子殺死。蠍子是由眾神派出的致命毒球，以教訓這位成功但愚蠢自大的獵人。這表現了他因高估物質力量而落得的下場——蠍子以惡毒殘酷的方式殺死他。心宿二是天蠍座中一顆強大的皇家恆星，在天空中與天文星座的金牛座畢宿五相對。心宿二代表天蠍之心以及其冷酷的本質。這顆恆星是宇宙中的殺手，同時象徵秋季的結束。運用它的最佳方法，就是刺殺自己外在與內在的俄里翁。它的名字來自「戰神的反對者」（Anti-Ares）一詞，即戰神的敵手，因為這顆恆星像戰神般兇狠好戰。

所有在天蠍座的恆星（房宿四 [Graffias]、房宿三 [Isidis]、尾宿九 [Lesath]、天蠍座 M6 疏散星團 [Aculeus]、天蠍座 M7 疏散星團 [Acumen]）都帶來不悅，並與中毒、突襲及惡意有關。如果星盤上的重要因素推運至天蠍之心，惹人討厭的毒球將滾入你的道路，令某些事情戲劇性地終止。俄里翁只能選擇低聲下氣，或者被殺死。在某些情況下，這種推運會令當事人或身邊的人死亡。蠍子是由月亮女神黛安娜（Diana）派來的，月亮是最能代表世事無常的象徵，因俄里翁僅由物質構成，對此極為敏感。當心宿二被觸發時，蠍子的慾望應被導向更高目標，低俗黑暗的野獸必須轉化為皇家之鷹。

　　請參閱上文的「天秤座」，蠍子的鉗爪也同為秤盤，皇家恆星氐宿一所指的南方的鉗爪即為南方的秤。

> 　　主題：停止高估自己力量的行為；事情以慘絕人寰的方式結束；突襲；中毒；死亡。

◆海獸或鯨魚 —— 鯨魚座（CETUS）

　　這是波塞冬派出的怪物，用以吞噬刻甫斯國王（King

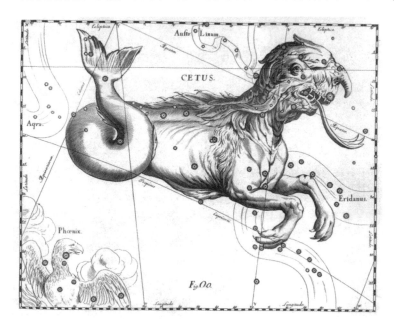

Cepheus）的女兒安德洛墨達公主，並在王國中製造混亂。位於海獸顎中的天困一、腹部的天倉四（Baten Kaitos）和尾巴上的土司空（Difda）都具有純粹的土星特質，均為凶星。它們象徵著那些被飢餓的獸性慾望所吞噬的靈魂，或更具體地指出入獄、被驅趕。請參閱「仙女座」的解說。

> 主題：艱難不利的境況；流亡、被驅趕或拖走；勢不可擋的慾望引致麻煩；強制性的改變；混亂；海上災難。

南方的魚 —— 南魚座（*PISCES AUSTRALIS*）

　　這是一條不同於海怪的魚——海怪實際上並非魚類，而這是一條真正的大魚，與靈性啟蒙相關，從物質中衍生出靈性。這是吞噬了約拿(Jonah)的那條鯨魚，但因約拿的轉變又將他吐了出來。「魚嘴」在阿拉伯文中稱為「Fom-al Hut」或「Fomalhaut」（即北落師門），為四大守望者之一，也是冬至恆星，標誌著聖誕節——基督的誕生。這是顆強大的恆星，但基督的王國並不屬於俗世，因此它不會帶來物質上的成就，稱不上皇家恆星。它也跟情慾女神維納斯的故事有關，她化身成魚，象徵著進入更靈性的層面。這條魚並不屬於天文學上的雙魚座，但在主題上有一定關聯。這條魚所吸收的甘泉來自寶瓶座的杯子，代表了淨化慾望是啟動過程的準備階段。

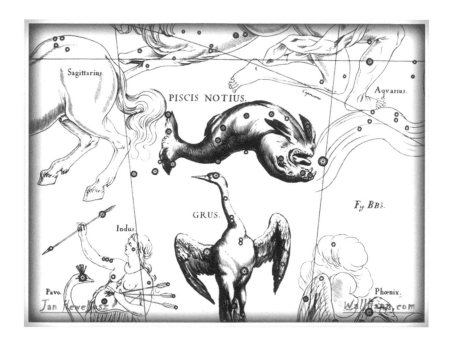

主題：*靈性的誕生；不屬於這世界的王權。*

巨蛇——巨蛇座（*SERPENS*）

　　被蛇夫（Ophiuchus）握著的巨蛇上，唯一具有占星意義的恆星為天市右垣七（Unukalhai），即巨蛇之心或巨蛇之頸，其意涵清晰易見，因蛇的心臟代表二元性的本質，以及誘人的塵世慾望。而巨蛇

的形象更與皮膚持續脫落有關，這表明必須避免陷入某種世俗形式，並刻意改變以超越那些令人類石化的慾望。蛇作為二元性的純生命能量，必須脫掉表皮，才不會喪失柔韌性，否則牠將陷入物質之中，無法進化。顯然易見，巨蛇座的恆星帶來的影響並不是很正面，它代表道德敗壞、中毒、暴力及意外。

> 主題：避免在巨蛇慾望的引誘下作出不道德行為；皮膚脫落可帶來持續變化，一次又一次地採用新形式，以免陷入物質慾望中無法自拔。

持蛇人 ── 蛇夫座（*OPHIUCHUS*）

根據某些版本的神話，海克力士在嬰兒時期勒死了朱諾（Juno）派來殺死他的蛇。殺蛇是這個星座的主題，但蛇夫座的所有恆星（天市右垣九 [Yed Prior]、天市右垣十一 [Han]、候 [Rasalhague]、天市左垣十一 [Sabik] 和天市左垣九 [Sinistra]）在道德上都是不可靠和容易動搖的。如果要握住或抬起一條蛇，你務必加倍小心，否則牠會咬你一口。這個星座更具體的角色，是擔當古老醫學之神的阿斯克勒庇俄斯（Aesculapius）。所謂療癒，就是調和及平衡蛇所象徵的二元生命能量（雙蛇杖上有兩條蛇）。此概念從各種傳統醫學中也清楚易見，其中心思想多為重新平衡兩個相反的能量──陰與陽、硫與汞、火與水。蛇脫皮則象徵著必須經歷疾病的過程才能療癒。此過程

由蛇夫來引導能量，解釋了為何此星座與醫學有關。另一個表達相同主題，引導生命能量的形象便是弄蛇術。

主題：醫學 ；邪惡出現時盡快消滅它 ；不道德的傾向 ；弄虛作假。

在我們身處的時代，太陽也穿過了一小部分的蛇夫座，所以某些占星師會聲稱蛇夫座為第十三個星座，但第二章已清晰指明這是不可能的。

天鵝 —— 天鵝座（*CYGNUS*）

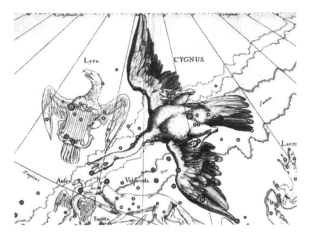

朱比特化身成天鵝與勒達（Leda）交配，展現了強大的創造力，呈現出優美高雅的形象。因此天鵝座與藝術和美麗息息相關，儘管它缺乏動力，需要有意識地表達出來。

天津四（Deneb）是天鵝座中強大的一等恆星，另一較弱的恆星為輦道增七（Albireo）。

主題：*表達藝術與美麗。*

雙胞胎 —— 雙子座（*GEMINI*）

這是著名的天堂雙胞胎——卡斯托耳及波呂丟刻斯，其本質可以簡單地以兩極性來表達，即兩極之間的基本張力，為整個宇宙的創始

法則之一。在這對雙胞胎中，所有事情都是相反的——卡斯托耳是凡人，代表想進入塵世的一部分靈魂。波呂丟刻斯擁有不朽之軀，代表想回歸天上神聖起源的一部分靈魂。兩兄弟是戰士、馴馬者和海員守護者，主題均指向馴服慾望之水，而卡斯托耳卻在當中戰死。卡斯托耳死後，兩兄弟轉移容身之所，有時他們會一起到奧林匹斯山，有時會一起到哈德斯的冥府。這突顯了兩極性——不朽的波呂丟刻斯依附著世俗的部分，不惜走進哈德斯的黑暗之中，誓與卡斯托耳並存。這帶出了人類在生命中的使命——取回墜入物質的靈魂部分，避免陷入世俗的危險。

兩兄弟是阿耳戈號的船員，他們與伊阿宋一起航行，出發尋找金羊毛——佛里克索斯奉獻的公羊皮為顯現於俗世的神聖象徵。這再次表明雙胞胎為了讓完整的靈魂與「上天」建立聯繫而採取行動，波呂

丟刻斯不會讓自己和身為凡人的弟弟卡斯托耳一樣墜入冥府。兩極性的象徵也來自勒達產下的宇宙蛋（World Egg）。宇宙蛋是原始的統一體，產生出來的兩極性則透過雙胞胎表現出來。這與位於直布羅陀海峽兩岸的海克力士之柱（Pillars of Hercules）也有關聯，象徵著世界的邊界。萬物則發生在兩極之間，而它與二至點也有明顯的聯繫。如果你航行時越過該柱，脫離了世俗世界，就會在生命之樹上找到在赫斯珀里得斯（Hesperides）的金蘋果。這可能是其中一個原因，解釋了為何紐約市被稱為「大蘋果」。

在雙子座的黃道符號中，我們可以看到這兩根柱子，代表基本的二元性。你不能活在這種對立關係之外，人類被兩股力量拉扯的張力所困。兩股力量分別由卡斯托耳及波呂丟刻斯所象徵，代表俗世與天堂，凡人與不朽，物質與靈性。強大的皇家恆星北河三——有時被稱作海克力士——帶來成就與果斷。世俗的北河二雖不及前者明亮，卻依然強大，但與凡間相連，終須一死，所以不夠純淨。雙胞胎的主題在生活中常被表達為（並非總是象徵性的）兄弟之間的鬥爭或關係，其中一個兄弟去世。又或者，這體現出直白的雙重矛盾本質，具有「凡塵」和「不朽」的面向。二元性的強烈張力帶來雙重特質，例如將知識和行動相結合，在發明家尼古拉·特斯拉身上幾乎可以用字面意思來表達這種特質，因電力正是他生命的主題。

井宿三（Alhena）會帶來藝術才華（凡人的物質形式與不朽之間的聯繫）。這顆恆星位於腳上，代表著具體的藝術形式。雙子座的其他恆星為生活帶來各式各樣的影響。有些明顯很正面，例如五諸侯三（Propus）和井宿一（Dirah），而其他恆星如天樽二（Wasat）和鉞（Tejat）則擁有黑暗的本質。這反映出靈魂的世俗與不朽部分之間的矛盾張力。

主題：雙重性；別為了美好的機會而留戀於塵世；矛盾；二元的張力；（象徵性的）兄弟主題；應選擇奧林匹斯山，而非冥府；結合知識與行動。

處女 ── 室女座（VIRGO）

這是個純潔的形象，顯然聯繫到瑪利亞（Mary）在基督教的象徵——聖母。處女代表從物質的束縛中解脫。基督出生時，並無任何物質或罪孽介入，羅馬天主教教條的「聖母無染原罪」便強調了瑪利亞的純潔。例如在沙特爾（Chartres）及琴斯托霍瓦（Czestochowa）的黑色聖母像或畫作中，純淨的本質脫穎而出。黑暗，除了與土星通過苦難而提煉出的智慧相關，還具有純粹的被動潛力，一股準備好接受神聖的衝動。它也代表煉金術的黑土，被認為是尼羅河氾濫後肥沃的埃及土壤。

總而言之，這使室女座成為西方最重要的神話之一。瑪利亞在傳統上與聖靈有關，是三位一體的陰性部分，她因純潔而受孕。室女座的主要恆星是皇家恆星角宿一，具有強大的保護能力，並帶來巨大的成功。作為室女座的恆星，角宿一亦是顆海洋之星，在海浪上閃耀，為那些與慾望駭浪抗衡的人當指路明燈，守護著他們。角宿一代表小麥穗，是收穫過程的精髓。小麥從穀殼中被挑選的過程，是一場淨化及篩選。比起另一顆皇家恆星獅子之心，角宿一更為愉悅，因獅子之心經常燃起永不滿足的慾望，而對角宿一來說，成就並非生命

中最重要的事情。在古老的神話中，室女座是泰坦之女阿斯忒里亞
（Astraea），她選擇了奧林匹斯山的神靈（靈性），違抗了自己的
祖先。當然，這與瑪利亞的神話完全相同。

　　大部分室女座的恆星都具有正面意思，但室女座左腳上的亢宿
四（Khambalia），為了保持純潔，必須採取果斷的行動，其名卻
為「彎爪」，表現出它令人懷疑的非正面意涵。凶惡的太微左垣四
（Vindemiatrix）是室女座中的特例，代表安珀羅斯（Ampelos）
爬上葡萄樹時摔落，跌斷了脖子。這帶出了「巫師學徒」的主題——
因高估自身力量，釋放出失控的能量而傷及所有人。這顆星也是「寡
婦製造者」，即離婚之星。它指出你在真正掌握知識前就以為自己已
經擁有了它，還妄自尊大地採用了不屬於你的東西。安珀羅斯嘗試在

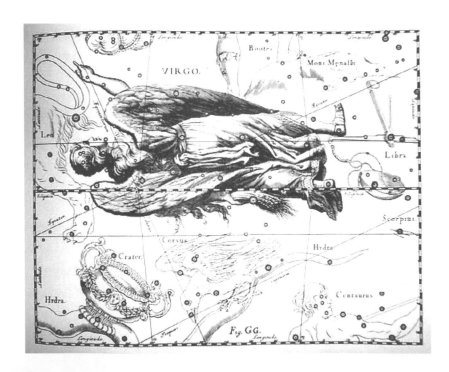

不當的時機採摘葡萄，過早進行收穫，代表失敗的淨化。

太微左垣四是少數用在卜卦占星的恆星之一（請參閱第四章的恆星列表）。

主題：純潔；嚴格挑選有用的元素；分開小麥與穀殼，敏銳地區分純淨與否。

「偽星」或無影響力的天文星座 ———————

天龍座、大熊座、小熊座、仙王座、南十字座（非古典天文星座）及仙后座遠離黃道，因此對占星學的影響微不足道。黃道十二宮——太陽的路徑，在占星學中擔任著中心角色。恆星越接近黃道帶，其影響力越大。對於某些古典的天文星座，如天兔座（The Hare）及海豚座（Delphin），我們稱之為「偽星」，因為根據古典資料，它們的恆星對占星學的影響不值一提，因此被排除在列表之外。這並不意味著這些星座不值得關注，但我們對於它們卻是知之甚少。海豚座處於灰色地帶，因它主管月宿的其中一個，具有明顯的影響力。威廉・里利（William Lilly）也提及這一點，儘管他沒有為當中的恆星命名。除非對這些偽星有更多了解，否則最好不要使用它們。

只考慮合相

一個與星座有關的神話原型，只有當某行星或尖軸（或特殊點、宮始點以緊密度數）會合該星座的恆星時，才會在生命中被觸發。然而，當其中一個主要代表壽命的要素（太陽、上升、天頂、月亮、幸運點）推運到一顆恆星時，也會產生一定作用。要引動一顆恆星，不一定要本命的因素與其會合，推運也足以引動它。在預測時，這是其中一個有力的方法。

你毋須一個特製的程式，也能有效地運用恆星。你需要的只是恆星投射到黃道上的位置，而你可以在第四章的列表中找到它們在星座上的位置。這裡列出的是 2010 年的恆星位置，透過每 72 年在黃道帶向前移動 1 度的歲差速率，你可以隨時計算恆星的位置。

簡短神話詞彙

非洲：被物質支配的慾望之地。

箭：詳見「劍」。

驢子：造成混亂的力量。

兄弟姊妹：靈魂的兩部分；相異卻緊密相連；人類的物質及靈性

本質。

公牛或牛：物質的現實世界。

變化的地方：相似性。

龍：詳見「蛇」。

眼睛：聚焦。

足部：與世俗的接觸點；實體或行動；沾污雙手的地方。

魚：非二元性；神聖的覺知；不眠的魚兒不受慾望之水影響，能自由暢泳。

少女：被淨化的靈魂接納靈性；基督教中的瑪利亞。

頭部：有意識地指導及控制原則。

腳跟：脆弱的位置。

心臟：能量集中的精髓。

角：危險的衝動。

馬：可引導但不能完全掌控的慾望。

左邊：錯誤；陰暗面；拉丁語中的「陰險」。

矛：詳見「劍」。

北方：與慈悲有關的正面向。

父母：某些神話人物的根源。

右邊：較積極的一面。

肩膀：大力推動。

姊妹：詳見「兄弟」。

蛇或龍：二元性或生命能量的巨大象徵。

南方：消極的一面；與正義、無情苛刻相關。

劍：天極點；平衡的神聖中心，能賦予知識，讓人以正確方式行事。

泰坦巨人：惡人、眾神的對手、惡魔。

海水：本能的慾望。

甘泉：飲用水、被蒸餾和淨化的慾望。

基本的神話主題 ————————————————

　　與物質的強烈對立：金牛座、昴宿星團、畢宿星團、獵戶座、天蠍座

　　人與神的二元性：雙子座、天秤座

　　追求美麗與純潔：仙女座、天鵝座、天鴿座、室女座、巨爵座

　　靈性和知識的誕生：天鷹座、南魚座、摩羯座、雙魚座、天琴座

　　缺乏人類的知識與智慧：飛馬座、人馬座、半人馬座

　　對權力的渴望、果斷：獅子座、牧夫座、大犬座、小犬座、白羊座、波江座

　　處理慾望：長蛇座、巨蛇座、蛇夫座、鯨魚座、巨蟹座、御夫座、烏鴉座、英仙座、寶瓶座、南船座

　　請謹記，恆星不僅在天文學上如同一顆小太陽，且由相同的光所構成。這意味著它們可被視作太陽光的變化或細節，象徵宇宙中的神聖存在。因此，它們顯示出與原始的神聖合一重新連接的過程，一切由此而生，一切重返源頭。這只是根據太陽光線和恆星光線的特徵，以另一種方式來說明其神話的本質。

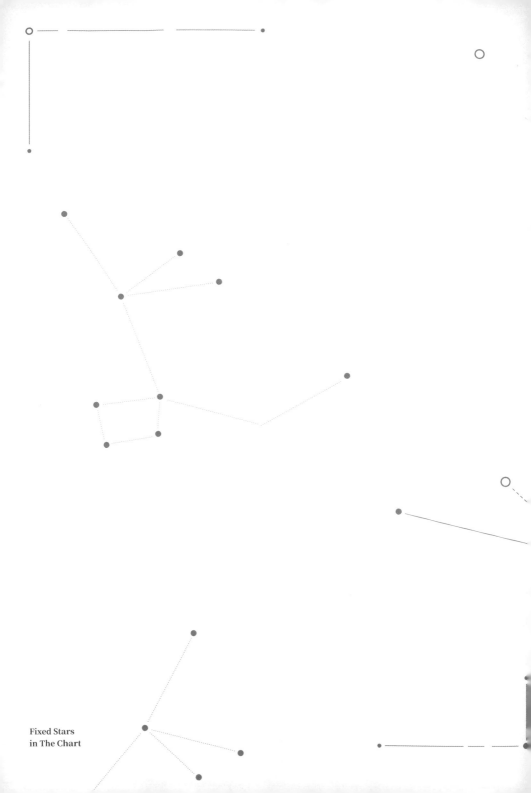

Fixed Stars
in The Chart

第 四 章

星座的恆星列表

Fixed Stars
in The Chart

恆星於 2010 年的位置（歲差速率為每 72 年移動 1 度）。

恆星資料次序：

星座－度數－恆星－行星性質－星等－天文星座－黃緯度數（南 [S] 或北 [N]）

亦會使用以下代號：

F 宿命之星

N 星雲或星團

M 超凶星

R 皇家恆星

H 與卜卦占星相關之恆星

（譯註：截至本書的中文版出版，天空中的恆星位置在本章所提供數據的基礎上順黃道方向移動了 7' 左右，即在本章數據基礎上＋7'，讀者可自行根據本章數據進一步推算或使用占星軟體獲取個人星盤中的精確恆星位置。）

牡羊座 ————————————————————————————

2.46 －土司空（Difda），海怪之尾－土星－2－鯨魚座－S 20.46

9.20 －壁宿一（Algenib），飛馬的翼尖－火星／水星－3－飛馬座－N 12.36

14.29 －壁宿二（Alpheratz），公主的頭顱－木星／金星－2－仙女座－N 25.41

22.08 －天倉四（Baten Kaitos），海怪之腹－土星－3.5－鯨魚座－S 20.20

26.59 －右更二（Al Pherg），魚繩－土星／木星－4－雙魚座－N 5.22 F

27.58 －奎宿增廿一（Vertex），仙女座星雲－火星／月亮－星雲－仙女座－N 33.21 N

金牛座 ————————————————————————————

00.35 －奎宿九（Mirach），仙女的腰帶－金星－2－仙女座－N 5.22

4.09 －婁宿一（Sharatan），北羊角－火星／土星－ 3 －白羊座－ N 8.29

7.50 －婁宿三（Hamal），南羊角－火星／土星－ 2 －白羊座－ N 9.58

14.24 －天大將軍一（Almach）－仙女的左腳－金星－ 2 －仙女座－ N 21.48

14.30 －天囷一（Menkar）－海怪之口－土星－ 2.5 －鯨魚座－ S 12.34

24.20 －天船二（Capulus）－珀耳修斯的劍柄－火星／水星－英仙座－雲狀星團－ N 4.02 N

26.21 －大陵五（Algol）－惡魔之首、美杜莎的頭顱－土星／木星－變星（譯註：指從地球上觀察時，其亮度有變化的恆星）－英仙座－ N22.25 M H

雙子座 ————————————————————

00.10 －昴宿六（Alcyone），昴宿星團的主星－月亮／火星－ 3 －金牛座／昴宿星團－ 4.02 N H

大約在雙子座 0 度－昴宿星團（Pleiades），哭泣的七姊妹－月亮／火星－星團－與昴宿六相同黃緯度數 N

5.59 －畢宿四（Prima Hyadum），畢宿星團的主星－土星／水星－4－金牛座／畢宿星團－S 5.44 N

大約在雙子座 6 度－畢宿星團（Hyades），巴克斯的乳娘－土星／水星－星團－金牛座－與畢宿四相同的黃緯度數 N

9.58 －畢宿五（Aldebaran），公牛之眼－火星－1－金牛座－S 5.28R H

17.00 －參宿七（Rigel），獵戶座左腳－木星／火星－1－獵戶座－S 31.08

21.07 －參宿五（Bellatrix），獵戶座左肩，被稱為「亞馬遜之星」－火星／水星－2－獵戶座－S 16.50

22.02 －五車二（Capella），車夫的山羊－火星／水星－1－御夫座－N 22.25

22.21 －丈人一（Phact），天鴿的右翼－金星／水星－2－天鴿座－S 57.23

22.32 －參宿三（Mintaka），獵戶座腰帶－土星／水星－2－獵戶座－S 23.37

22.45 －五車五（El Nath），公牛的北角－火星－2－金牛座－N 5.23

23.00 －獵戶座大星雲（Ensis），獵戶座劍鞘的星雲－星雲－火星／月亮－獵戶座－S 28.42 N

23.38 －參宿二（Alnilam），獵戶座腰帶－木星／土星－2－獵戶座－S 28.42

24.58 －天關（Al Hecka），公牛的南角－火星－ 3 －金牛座－ S 2.11

28.47 －勾陳一（Polaris），北極星、小熊之尾－土星／金星－ 2 －小熊座－ N 66.05

28.56 －參宿四（Betelgeuse），獵戶座右肩－火星／水星－獵戶座－ S 26.02

巨蟹座

0.05 －五車三（Menkalinan）－馬車夫的右肩－ 2 －火星／水星－御夫座－ N 21.30

3.34 －鉞（Tejat），卡斯托耳的左腳－水星／金星－ 3 －雙子座－ S 0.54

5.26 －井宿一（Dirah），卡斯托耳的左腳－水星／金星－ 3 －雙子座 S 0.50

9.04 －井宿三（Alhena），波呂丟刻斯的左腳－水星／金星－ 2 －雙子座－ S 6.45

14.15 －天狼星（Sirius），大犬之口－木星／火星－ 1 －巨犬，大犬座－ S 39.25

15.08 －老人星（Canopus），舵手－土星／木星－1－南船座－S 75.50

18.41 －天樽二（Wasat），卡斯托耳的右臂－土星－3－雙子座－S 0.11

19.05 －五諸侯三（Propus），雙子的肩膊－水星／金星－4－雙子座－N 10.05

20.15 －北河二（Castor），卡斯托耳的頭顱－水星－雙子座－2－N 10.05

23.23 －北河三（Pollux），海克力士（Hercules），波呂丟刻斯的頭顱－火星－1－N 6.40 R

25.57 －南河三（Procyon）。小犬身上的恆星－水星／火星－1－小犬，小犬座－S 16.00

獅子座

7.22 －鬼宿星團（Praesepe）飼料槽、蜂巢－火星／月亮－雲狀星團－巨蟹座－N 1.33 M N

7.43 －鬼宿三（North Asellus），北方的驢子－火星／太陽－6－巨蟹座－N 3.11

8.54 －鬼宿四（South Asellus），南方的驢子－火星／太陽－6 －巨蟹座－N 0.04

13.46 －柳宿增三（Acubens），蟹鉗－土星／水星－4 －巨蟹座－N 9.43

20.52 －軒轅九（Algenubi），獅子之口－土星／火星－3 －獅子座－N 9.43

27.27 －星宿一（Alphard），九頭蛇之心－土星／金星－2 －長蛇座、水蛇－S 22.23

27.44 －軒轅十一（Adhafera），獅子鬃毛－土星／水星－3 －獅子座－N 11.52

28.04 －軒轅十二（Algieba），獅子鬃毛上的恆星－土星／水星－3 －獅子座－N 4.52

29.59 －軒轅十四（Regulus），獅子之心－火星／木星－1 －獅子座－N 0.28 R H

處女座

11.29 －太微右垣五（Zosma，譯註：又稱西上相），獅子的背部－土星／金星－2 －獅子座－N 14.20

21.47 －五帝座一（Denebola），獅子之尾－土星／金星－ 2 －獅子座－ N 12.16

25.13 －獵犬座渦狀星系（Copula），雲狀天體－月亮／金星－獵犬座（非古典天文星座）－ N 50.55 N

26.51 －翼宿七（Labrum），聖杯－金星／水星－ 4 －巨爵座－ S 17.34 F

27.20 －太微右垣一（Zavijava，譯註：又稱右執法），室女之首－水星／火星－ 3.5 －室女座－ N 0.42

29.03 －天社五（Markeb），船首－土星／木星－ 2.5 －南船座－ S 63.43

天秤座

5.00 －太微左垣一（Zaniah，譯註：又稱左執法），室女之翼－水星／金星－ 4 －室女座－ N 1.22

10.06 －太微左垣四（Vindemiatrix，譯註：又稱東次將），寡婦之星、魔法師的學徒－土星／水星－ 3 －室女座－ N 16.13 H

10.18 －太微左垣二（Caphir，又稱東上相），室女的左臂－水星／金星－ 3.5 －室女座－ N 2.48

13.37 －軫宿三（Algorab），烏鴉之翼－火星／土星－3－烏鴉座－ S 12.11

17.50 －招搖（Seginus），牧夫的左肩－水星／土星－3－牧夫座－ N 49.33

22.18 －海山二（Foramen），南船座上的雲狀恆星－土星／木星－南船座－ S58.55 N

23.58 －角宿一（Spica），室女的麥穗－金星／火星－1－室女座－ S 2.03 R H

24.22 －大角（Arcturus），牧夫的左膝－火星／木星－1－牧夫座－ N 30.47

天蠍座

3.19 －七公七（Princeps），長矛桿、王子－水星／土星－牧夫座－ N 48.59

7.00 －亢宿四（Khambalia），室女的左腳－水星／火星－4－室女座－ N 0.28

12.02 －十字架二（Acrux），南十字座（非古典天文星座）－木星－1－ S 52.52

12.28 －貫索四（Alphecca），蝴蝶結－金星／火星－ 2 －北冕座－ N 44.20

15.15 －氐宿一（South Scale），光亮的秤盤、南方的鉗爪－木星／火星－ 1 －天秤座－ N 0.20 R M

19.32 －氐宿四（North Scale），北方的鉗爪－木星／水星－ 2.5 －天秤座－ N 8.30

22.14 －天市右垣七（Unukalhai），巨蛇之心－土星／火星－ 2.5 －巨蛇座－ N 25.50

23.57 －馬腹一（Agena），福洛斯的右足－金星／木星－ 1 －半人馬座、人龍星－ S 44.09

29.38 －南門二（Bungula），福洛斯的左足－土星／金星－ 1 －半人馬座、人龍星－ S 42.43

射手座

2.28 －天市右垣九（Yed Prior），蛇夫的左手－火星／木星－ 3 －蛇夫座－ N 17.15

2.44 －房宿三（Isidis），天蠍右鉗爪的恆星－火星／土星－ 2 －天蠍座－ S 1.58

3.21 －房宿四（Graffias），天蠍之首－火星／土星－ 3 －天蠍座－ N 1.1

9.24 －天市右垣十一（Han），蛇夫左膝上的恆星－土星／金星－ 3 －天蠍座 － N 11.24

9.56 －心宿二（Antares），天蠍之心－火星－ 1 －天蠍座－ S 4.34 R M H

12.07 －天棓三（Rastaban），天龍眼上的雲狀恆星－土星／金星－ 3 －天龍座－ N 75.17

18.08 －天市左垣十一（Sabik），蛇夫的左膝－土星／金星－ 2 －蛇夫座－ N 7.12

22.37 －侯（Rasalhague），蛇夫之首－水星／火星－ 2 －蛇夫座－ 35.51

24.11 －尾宿九（Lesath），天蠍之螫－火星／月亮－ 3 －天蠍座－ S 14.00

25.54 －天蠍座 M6 疏散星團（Aculeus），天蠍螫上的雲狀星團－火星／月亮－星雲－天蠍座－ S 8.50 N

28.42 －天蠍座 M7 疏散星團（Acumen），天蠍螫上的雲狀星團－火星／月亮－星雲－天蠍座－ S 11.12 N

29.55 －天市左垣九（Sinistra），蛇夫左手上的恆星－土星／金星－ 3 －蛇夫座－ N 13.41

摩羯座 ————————————————————————

0.47 －礁湖星雲（Spiculum），凱龍箭尖部的星雲－火星／月亮－星雲－凱龍、人馬座－ N 0.01 N

3.23 －斗宿三（Polis），凱龍弓上的恆星－木星／火星－ 4 －凱龍、人馬座－ N 2.21

8.27 －人馬座球形星團（Facies），凱龍面前的雲狀星團－太陽／火星－雲狀星團－凱龍、人馬座－ S 0.43 N

12.33 －斗宿四（Pelagus）－箭尾－木星／水星－ 2 －凱龍、人馬座－ S 2.36

13.48 －斗宿六（Ascella）－凱龍的腋下－木星／水星－ 3 －凱龍、人馬座－ S 7.10

15.10 －建二（Manubrium），凱龍面部的雲狀恆星－太陽／火星－雲狀恆星－凱龍、人馬座－ N 0.52 N

15.29 －織女一（Vega），降落的鷹－金星／水星－ 1 －天琴座－ N 61.44

23.49 －右旗三（Deneb Okab），鷹之尾－火星／木星－ 3 － N 36.12

26.44 －狗國四（Terebellum），凱龍之尾－金星／土星－ 6 －凱龍、人馬座－ S 5.25 F

水瓶座

1.57 －河鼓二（Altair），鷹之頸、向上飛的鷹－火星／木星－1－天鷹座－ N 29.18

3.31 －輦道增七（Albireo），天鵝之首－金星／水星－3－天鵝座－ N 48.59

4.02 －牛宿二（Giedi），摩羯的南角－金星／火星－4－摩羯座－ N 6.58

4.13 －牛宿一（Dabih），摩羯的左眼－土星／金星－3－摩羯座－ N 4.36

4.51 －牛宿四（Oculus），摩羯的右眼－土星／金星－5－摩羯座－ N 0.54

5.18 －牛宿六（Bos），摩羯之首的恆星－土星／金星－5－摩羯座－ N 1.12

15.22 －周一（Armus），摩羯之心－火星／水星－5－摩羯座－ S 2.59

13.58 －秦一（Dorsum），摩羯的背部－土星／木星－5－摩羯座－ S 0.36

20.20 －壘壁陣二（Castra），摩羯之腹－土星／木星－5－摩羯座－ S 4.58

21.58 －壘壁陣三（Nashira）摩羯之尾的恆星－土星／木星－

4 －摩羯座－ S 2.33

　　23.34 －虛宿一（Sadalsuud），斟酒人的左肩－土星／水星－
3 －寶瓶座－ S 8.37

　　23.43 －壘壁陣四（Deneb Algedi），摩羯之尾－土星／木星－
3 －寶瓶座－ S 2.35

雙魚座 ————————————————————————

　　3.31 －危宿一（Sadalmelik），斟酒人的右肩－土星／水星－
3 －寶瓶座－ N 10.39

　　4.02 －北落師門（Fomalhaut），魚嘴－金星／水星－ 1 －南
魚座－ S 21.08

　　5.30 －天津四（Deneb），天鵝之尾－金星／水星－ 1 －天鵝
座－ N 59.55

　　9.03 －羽林軍二十六（Skat），斟酒人的右腿－土星／木星－
3 －寶瓶座－ S 8.11

　　12.59 －水委一（Achernar）河口－木星－ 1 －波江座－ S
59.22

　　23.40 －室宿一（Markab），飛馬之翼－火星／水星－ 2 －飛

馬座－N 19.24

　　29.33 －室宿二（Scheat），飛馬之蹄－火星／水星－2 －飛馬座－N 31.08

　　從以上列表可見，很多恆星均緊密相連，因此可用以下準則，有效地選擇哪顆恆星最能透過行星彰顯力量：選擇最明亮，黃經和黃緯上最相近，性質與該行星最相似的恆星。通常兩顆緊密靠近的恆星會串連出相同的神話故事，那我們便以最確切的那顆恆星來提供重點。在少數情況下，我們無法僅選擇一顆星，這時才去考慮兩顆恆星。

Fixed Stars
in The Chart

第 五 章

月宿或星宮

Fixed Stars
in The Chart

　　以古典占星的角度分析星盤時，月宿（譯註：又稱「月站」）可以說是缺失的環節。西方古典文獻中雖有提及月宿，卻鮮有描述它對生命的影響。實際上就僅有些微資料，且經已殘缺不堪，不足以清晰地表現出月宿在占星學的角色。在多數情況下，作者在複製文本時顯然沒有嚴格地測試這些方法，也沒有注意到實際的應用層面。然而，以月宿作為「星宮」的認知基礎上，將其重新納入西方古典占星的分析之中是可行的。

　　月宿在古典架構中共有三個系統：印度的吠陀系統、中式系統及阿拉伯的西方系統。三個系統之間存有某些差異，如月宿的起始點、長度、數目，以及描述其影響的資料多寡。本章節將審慎比較三個系統，但三者間亦存有共通點。不難想像，月宿的概念基於月亮的運行，而非在黃道星座中移動的太陽。

　　因此，一個相似之處出現了。假如我們有先天的十二宮，即黃道十二星座，亦有後天十二宮──具體活動及實現的領域，即第一宮、第二宮等。在這兩者「之間」，應該存在著月宿。占星學中三種類型的「宮」的概念恰好符合古典煉金術──與占星學息息相關的古老科學。煉金術有三大要素：以熾熱的硫作動能（太陽層面），代表月亮的汞在中層，最後煉出鹽作為實體。熾熱的基本動能透過某種過程轉化成實態的「鹽」，這種三重結構很契合擁有類似功能的三種「宮」的概念。從這角度來看，以太陽為中心的黃道為第一股動能，即神聖的藍圖。月宿是中間的過濾器，原始動力通過這些過濾器，正如化成實體的鹽一般，以具體方式呈現在世俗的後天宮位上。

　　「宮」這個名稱非常有啓發性。「宮」代表某個具有明確界線的空間，居住在內的人是房屋的主人，會為這個空間帶來某種特質及氛

圍。將月宿重新整合到星盤分析時,可用已清晰劃定、擁有特定主人或主星的宮位圖像作比較。重要的一點是我們在月宿中追蹤月亮在天空上的移動,正如我們在黃道上追蹤太陽的移動。但有個重大的差異在於:月亮的移動是用可見的恆星來量度,相比起太陽在不可見的黃道十二星座移動,月宿的層次較低,較貼近世俗層面。在古典宇宙學中,黃道十二星座佔據最高位置,在下方的則是恆星等較世俗形式的要素,再低一層的便是行星。而月宿的位置被設想恰好位於黃道圈下方的恆星天球區域,在黃道帶下方,在行星上方,它們位於中間。至於其他月宿系統,則列於附錄 C。

月宿也有月亮般的職能。它們位於中間,將太陽之光傳遞到地球上。太陽是靈性的源頭,但這種動能需要透過月亮過濾才可到達地球,而這種過濾賦予太陽動能某種特定的個體化的本質。你在塵世生存將以此為內核,它指向你降生後最深層的目標,即本命盤所描述的獨特人生目標。它概括了靈魂脫胎於肉身的具體形式。當最根本的動力透過月宿,以其神話關聯恆星及某個星座時,可稱之為「個人核心神話」。在實際運用時,此系統有效而具體,在許多案例中,其準確程度令人駭然。

三個系統

如上述所說,月宿共有三個古典系統,當中存在某些差異。最好的選擇當然是選用「我們的」(譯註:原文如此)阿拉伯月宿,假如

它們能倖存至今，但遺憾的是事與願違。我們在古老文本中找到的，顯然並非可在實踐中廣泛應用的靈活系統，而是從舊書中複製而來，刻板有限的知識。我們在重建阿拉伯月宿時要面臨的首個大難題，就是第一個月宿確實的起點——它的位置並不確定，儘管若干作者都將第三個月宿放在昴宿六，即現在的雙子座 0°。其他作者則簡單地複製這些內容，並將牡羊座 0° 視作起始點，即回歸黃道的起點。後者的選擇表現出對月宿本質上的誤解，因為月宿明顯跟恆星、神話，以及月亮每日在恆星之間的移動緊密關連。假如要將月宿應用於實際的星盤分析上，便不應與回歸黃道系統中的的黃道十二星座合併使用。它位於另一個天球上，即另一個層次。黃道十二星座賦予宇宙整體結構，猶如一張藍圖，透過作為信使的行星傳遞到地球。然而，這種充滿可能性的藍圖不同於恆星球層，恆星位於較低的球層，以更具體的形式彰顯。月宿的起點應位於恆星層的某處，必須合乎邏輯地連接到恆星。若第三個月宿以昴宿六為起點，第一個月宿的起點必然在婁宿二——意為「肥羊」，傳統上被視為牡羊座月宿的首顆恆星。因此，假如我們決定使用阿拉伯月宿，以此為起點是合理的（月宿的分界請參見附錄 C）。這一傳統也將 28 個月宿視作十二星座的基石，因此第一個月宿由牡羊座 0° 開始。但這純綷是在理論及哲學上具有重要性，對於所有應用層面，我們都必須考慮到歲差。因此，無論使用哪種月宿系統，均不可能從牡羊座 0° 開始。

月宿可以視為一種獨立於黃道十二星座的系統，因它們與恆星緊密相連。有時月亮「黃道」（lunar zodiac）甚至被認為比太陽黃道更古老（譯註：此處的月亮黃道是指月亮在天文星座上的運行軌道）。但這並不正確，因月宿並非衍生萬物的基本藍圖。月宿是從屬於第九層天球——黃道十二宮之下，並在第八天球層中進行循環並顯現出歲差現象。月宿在該系統中，相對是較為獨立的部分，

但並非真正的黃道，也肯定不及黃道般源遠流長。這一點，透過天球模型便能理解。但純粹從實際角度來看，因月宿與恆星的聯繫異常緊密，也可以視它為一個自主系統。這也意味著，它們能夠在不同的軌道帶中運作，如果月亮在恆星上，那它就在恆星上，不管用哪種軌道帶來衡量。

吠陀系統

我們毫不驚訝的發現，印度的吠陀占星學所保留的月宿資料最為清晰。吠陀占星學並非使用以牡羊座 0° 春分點的回歸黃道，而是採用恆星黃道（sidereal zodiac）——「sider」意為恆星。恆星（sidereal）－恆星的（sideric）－「星星的」（staroid）黃道並不以春分點為基礎來定義牡羊座 0°，而是參照一顆恆星的位置。此恆星為角宿一——室女座的麥穗，被發現時位於回歸黃道的天秤座 23°，而與角宿一相對的位置便定義為恆星黃道的牡羊座 0°。這更像一個以恆星本身作為劃分方式的黃道系統，甚至可以視恆星黃道為第八層天球的一部分，與恆星同層。這意味著，比起回歸黃道系統，星宮，即月宿系統與恆星黃道更容易產生完整的對應。

恰好對分角宿一的恆星黃道起點極具象徵意義。角宿一是室女座的麥穗，意指收穫，而這個天文星座也相當於基督教象徵中讓神誕生於世的聖母瑪利亞，代表救贖的形象，是最典型的純潔象徵。室女座要選擇的是富有價值的事物，什麼東西可以帶往下一個階段。因此代

表小麥穗的角宿一是個象徵收穫的集中點。但是，恆星黃道的起點並非角宿一本身，不是收穫或淨化完成的一刻，而恰恰在相反的位置展開該過程。在這之間有多種張力，象徵著收穫的工作正於物質世界進行著。農作物依然在農田中，而雨季很快就要來臨。

與室女座的月宿相關、連繫到角宿一的吠陀象徵也帶出了同樣的故事。在印度占星學中，此月宿稱為 Chitra，主神為毗首羯磨天（Vishvakarma），被稱為建造之神，能夠在物質現實中構建出幻象，遮擋在我們與神明之間。因此我們可理解到相同的本質含義：此月宿讓人看見物質假象背後的本質，從而分辨出何為真正的價值。這正等同於淨化及收割。這是所有吠陀月宿神話的典型特質。我們更可以將吠陀神話轉換代入西方神話，因兩者的本質如出一轍。由於吠陀占星採用的是恆星黃道，首個月宿的起始點毋庸置疑——就是恆星黃道的牡羊座 0°。這也帶出了為何月宿的起始點在西方占星學中會出現混亂：大約一千七百多年前，角宿一在兩個黃道中均位於天秤座 0°。在當時，兩種黃道的起始點在同一位置，回歸黃道的牡羊座 0° 與恆星黃道的牡羊座 0° 指的是同一點。但因為恆星在（回歸）黃道上進動，恆星和它所在的星座或月宿漸漸無法對應回歸黃道的十二星座，月宿便慢慢地被遺忘了。吠陀占星沒有這個問題，因恆星黃道本身也在緩緩前進，所以恆星與星座之間的對應關係也得以維持。若按照吠陀占星的概念，將月宿的起點設定於回歸黃道的牡羊座 23°（恆星黃道的牡羊座 0°），也許是個不錯的方法。但另一個問題就是月宿的準確長度。在這一點上，三個古典系統並不一致。中國及阿拉伯系統中，月宿的長度並不均等。整個概念如字面所述，就是追隨月亮在恆星間的軌跡，重點關注以重要恆星為標記的月宿邊界。這似乎不適用於宮或月宿系統。假如某宮比另一宮大或小，就會相當怪異，因一個系統代表的是嚴謹的規律。若某月宿只有 3°、某些有 19°，情況就更

加不理想（詳看附錄 C）。這似乎破壞了原本的系統，是在不熟知原理的情況下而做出的改變。

因此，這種想法需要被排除，我們必須接受月宿的長度均為一致。而這又即時帶出另一個問題——月宿的數目。月亮在黃道上運行360 度需花上 27.3 天，很明顯我們沒有太多選擇的餘地，只能選用27 或 28 個月宿。一般來說都會選擇 28 個，因這數字具有高度象徵性。它由四乘七而成，由一至七相加而成，且在占星學中擔當重要角色。這不單是月亮在黃道上運行一圈的時間，亦是土星在黃道上運行一圈的年期，而所有事情都由土星至月亮之間的行星主管。四乘七，四是物質的數字，七是實現動力的數字，這得出了七個行星的力量透過四元素而彰顯，這是一個完整的循環。

因此，選用 28 個月宿會較為理想，而在古典的阿拉伯黃道系統中，確實有 28 個月宿。但正如前述，此宇宙藍圖僅具理論層面的重要性，但從實際層面來看便需要作進一步考量。由於月宿系統建基於月亮的周期，它與彰顯於世俗的能量有緊密關連。月亮最能象徵物質由成長到腐壞的周期。這意味著微小而不完美的存在，偏離嚴謹堅固的完美理想，而傳統的印度教精神似乎貼近於此。

這個可能性來自於月亮花 27.3 天來完成一個循環周期，而非 28天。因此這是個絕佳理由，說明了為何吠陀占星學以 27 個月宿來表現出月亮的不完美。然而，在吠陀占星也有第 28 個月宿，它位於另一個月宿之中，在整個系統中並非如其他月宿般完整。此月宿稱為Abhijit，與天琴座的織女一相關。據說它悄無聲息地佔用了其他月宿的位置，當它被發現後，就被趕到適當的位置去。聞說之所以會這樣安排，是因為天堂只能夠為 27 個月宿帶來塵世意義，而這正是月亮

系統在先天上的不完美之處。

這並不代表任何一個說法正確，而另一個說法錯誤。27 或 28 個月宿在不同範疇上均有可能構成系統。當選用 27 個月宿時，世俗層面會得以強調，選用 28 個月宿時，則更能體現其在形而上學層面的嚴謹程度。兩個可能性均有自身的意義，但最為重要的是，絕不能忽略歲差，即阿拉伯月宿並不能以回歸黃道的牡羊座 0° 作起始點，這將會過於不切實際。整個月宿系統與恆星緊密相連，因此必須將歲差運動考慮在內。

我們已有一個可以採納的起點，且對於月宿的數目及長度也有了良好的概念，是時候討論每個傳統中可供參考的資料數量。吠陀系統明顯是最可靠的，因它對於月宿保留了豐富的知識庫，更清晰地連接到各個神話。相對來說阿拉伯月宿的實質資料卻過於空泛，當中主要包括與擇時和魔法相關的破損資料，對於發展新法則而言，實在是個單薄的基礎。對於中式系統，我沒法找到充足的資訊，也不清楚其效用，因此會擱置一旁。

以上結論得出，即使暫時拋開阿拉伯系統，也不會帶來重大的損失。反而將西方古典占星學聯結到吠陀月宿，會獲得更大助益。我們需要在嚴謹的條件下才可這樣使用，因我們並非要採用吠陀占星——只是提取當中的某些見解。根據那些與月宿相關的恆星，吠陀神話的主題將會連接和轉換代入西方神話當中。事實證明此做法相當簡單，更能闡明主管月宿的中心神話思想，並理解吠陀傳統中大量的實用信息。

在此過程中，吠陀月宿會被重新命名，以強調其神話核心。舉例

說，Danishta 將被稱為海豚月宿，使其含義在西方古典星盤分析中更清晰易懂。海豚在古典占星的角色，與牠在吠陀文化中的角色極為相似。將兩者的觀點結合時，會出乎意料地得出一幅清晰的圖畫，展現出此月宿的含義，以及它對生命的影響。這明顯不是一種融合，即結合來自不同來源的不相關事物，而是一種綜合體——依據一個共同的背景原理，將核心神話連接至主管該月宿的恆星，把兩個傳統關聯起來。

　　透過這種方式，兩個傳統之間便創造出一種動態關係，同時增進對雙方的理解——智慧並非僅來自印度、西方或阿拉伯世界。這裡並非單純地複製信息，而是透過理解和匯融法則，智慧才會逐步發展出來。在轉換系統的過程中，重要的吠陀元素會有所略去。舉例說，吠陀月宿的主管行星並不會被採用。要判斷一個月宿的影響是否實現於生命之中，必須以標準的古典方法分析星盤的其餘部分。業力的概念亦會被略去，因其在西方的靈性角度中並不適用。

　　此外，只有月亮在月宿的位置會被考慮，而非所有行星。這純綷是為了簡化分析過程，但古典記載的資料同時也告訴我們這個做法，此舉似乎合乎邏輯。長期來看，研究其他位置也可能趣味十足，尤其是上升點，但擴展這種做法並非明智之舉。整個過程應以遵循規律和敏銳謹慎的心態來對待。透過上述途徑便能創造出一個簡化的模型，既可從吠陀的知識寶庫中吸取最大裨益，同時亦完整保留西方概念。吠陀占星在這裡只是個資料來源，但透過這種連接，便能釐清一些在吠陀系統中糢糊不清的事情。因此，這對雙方來說都是個美滿的成果。

　　接下來將用以下方式來解說 27 個月宿。首先是月宿在西方神話

中的名稱，之後是它在恆星黃道中的度數，最後是傳統的吠陀名稱。
透過這些恆星黃道的度數，只要加上 7°，再移後一個星座，便可大
約計算出在回歸黃道上的度數（譯註：原文如此。實際上歲差系統有
三種，第一種是拉希利 [N.C. Lahiri]，最為印度政府推崇，使用的是
23 度 9 分。第二為費根 [Fagan-Bradley]，是唯一主張歲差調整的
西洋占星學派，用的是 24 度 2 分。第三種為拉門 [B.V. Raman]，
是印度占星學權威，他採用 21 度 42 分。以上為西元 2000 年的數
據。目前以前兩種較廣為使用。以第一種為例，若月亮在恆星黃道上
位於牡羊座 25 度，其在回歸黃道上必須再加上 23 度 9 分，即金牛
座 18 度 9 分）。這對於現時來說是正確的，但因受歲差影響，到了
往後的時期便需要重新計算。大部分占星軟體都有一些非常實用的設
定，能快速地將回歸黃道轉換成恆星黃道。每個月宿都有一個核心神
話主題，連同吠陀關鍵詞的解說，並提到相關的吠陀神明。令人驚訝
的是，這帶給了我們許多深刻的洞察，會讓人意識到為何吠陀的月宿
有一定影響，然而這種知識在其傳統本身亦鮮少被發現。每個月宿的
長度為 13.2°，而天文星座的神話主題若連接到該月宿，其恆星便主
管此月宿。月亮所落的月宿展示出生命的主題神話，這對於恆星解讀
是重要的一環。

第一個月宿－羊角月宿－恆星黃道牡羊座 0.00°至 13.20°－ Ashwini

　　主管此月宿之恆星為婁宿一及婁宿二（Mesarthim），即公羊

的角與頭部，它與強大的推動力及能量相關。這解釋了傳統的關鍵詞：速度、年青、開創、狂躁、行動及保持青春的醫學。人際關係的主題同樣引人注目，因其中心主題是保留年輕人的新鮮感，這可能有利於人際關係。在第一個公羊月宿中，其熾熱衝擊的行動會延續至同樣由公羊恆星主管的下一個月宿。主管月宿的恆星在星座中的確切位置，指示出強調的主題部分，而在這種情況下，羊角的推動力便是重點。與此月宿相關的吠陀神話中，發出耀眼強光的太陽神維婆斯婆特（Vivaswat）便是重要主題，與大量的火象能量在月宿循環的第一個部分恰好相符。這也帶出了太陽入旺於牡羊座，而入旺總意味著過分誇張。此月宿保留了首當其衝的年輕力量，也解釋了為何醫學是其關鍵詞之一。

第二個月宿－金羊毛月宿－恆星黃道牡羊座 13.20°至 26.40°－ Bharani

　　神話中的金色公羊有兩個相關含義，兩者都講述了一段漫長而專注的旅程，通往神聖及美好的本質，過程中經歷了連串戰鬥，造成了大量受害者。佛里克索斯及赫勒兄妹坐上金色公羊穿越天際，逃離邪惡的後母伊諾——對物質的慾望。但赫勒——陰性、世俗部分的靈魂卻墜落赫勒斯滂。佛里克索斯成功抵達目的地，並獻祭了金色公羊，最終獲得了平靜。這塊羊皮被稱為金羊毛，象徵著世俗中已實現的神聖，而這正是伊阿宋統領阿耳戈號所追求的目標。

　　傳統關鍵詞也指出了相同的方向，這個月宿跟勇於獻身的狂熱戰士有關——他不會退縮，並盡一切力量去尋找真相。金羊毛代表了真相，而赫勒墜海，阿耳戈號那漫長艱險的冒險則代表發掘真相的風險。根據吠陀的資料，白羊座中三顆模糊的恆星組成了陰道的形狀，而它們所主管的這個月宿，與猛烈激昂的死亡過程、出生和性愛有關。這些主管恆星位於公羊的後方，明顯指示出該處的核心主題。此月宿由太陽神維婆斯婆特之子——死神閻摩（Yama）所主管，帶出了被犧牲的金色公羊，以及與前一個月宿的緊密聯繫。

第三个月宿－刀刃月宿－恆星黃道牡羊座 16.40°至金牛座 10.00°－ Krittika

　　這是昴宿星團或哭泣七姊妹的月宿，令人不悅的七顆恆星構成的星團會帶來失望及錯誤。這七顆恆星類似於七顆行星，猶如看守者般將我們困鎖在物質的監牢。這使我們脫離了行星背後的源頭，但那才是我們所嚮往的。七姊妹被巨大獵人俄里翁追趕，象徵物質脫離了高等的理想世界。這種與切斷相關的中心主題，道出了傳統的吠陀關鍵詞：火焰、利刃、鋒利及力度。這裡關聯到巨大的物質元素。據說此月宿帶來野心勃勃、果斷的行動、破壞及持久性，神話故事的某些層面可能交替出現。此神話的另一主題是引誘別人的伴侶，這是從中心主題——切斷及失望中演變而來。家庭問題也跟昴宿星團有關。被誘惑的哭泣七姊妹，對應著大熊座的七顆星——傳統上被視為七賢者。昴宿姊妹曾是七賢者的妻子，但受到誘惑後背離了的神聖的天極點，

強調了神聖智慧的割捨及由此造成的失望。吠陀將昂宿星團視作一把
刀的形象，此月宿由火神主管。

第四個月宿－牛眼月宿－恆星黃道金牛座 *10.00°*至 *23.20°* － *Rohini*

　　主管此月宿的恆星為畢宿五——火紅的公牛眼。公牛是物質的象
徵，公牛眼指的是凝視地球的左眼，專注於物質形態。因此，月宿的
主題為巨大的物質成就，但也包括其他形式的物質表達，如藝術及強
烈的感官。畢宿五的顏色是熱情的紅色。其本質是穿越物質，而非陷
入成就中，形象就如鬥牛士與公牛共舞，然後在公牛殺死自己之前先
殺死公牛。這就如古時的邁諾斯文明（Minoan）中，人們從公牛身
上跳過去，以表達對物質的控制。這裡顯示的物質成就，當然需要
星盤的其他因素配合才可實現。一頭熱血沸騰的野牛形象，最適合
被稱為「紅色的月宿」。在吠陀傳統中，羅希尼（Rohini）是蘇摩
（Soma）的妻子，而蘇摩是月神，很適合守護金牛座的月宿。

第五個月宿－亞馬遜月宿－恆星黃道金牛座 23.20°至雙子座 6.40°－ Mrigashira

此月宿由獵戶座的三顆恆星主管，其中一顆參宿五（Bellatrix）為二等星，意為「女戰士」。其傳統的關鍵詞與獵人俄里翁的故事息息相關，他由牛皮所造，完全無法連接到更高層次。此月宿會帶來疑惑，因為俄里翁天真且沒有原則，儘管在狩獵方面取得巨大成就，但他不甚聰明。這個月宿與狩獵、大自然、動物、土地、鄉村和神射手有直接關聯。其中心主題是自然環境的限制。「俄裡翁的無情追捕」在梵天（Brahma）渴望佔有自己女兒的吠陀故事中重現。梵天之女化成羚羊擺脫他飛往星星，梵天便化為鹿去追逐，之後被濕婆（Shiva）割斷了鹿頭，放到星星上。因此，這個月宿還帶有強烈的性慾。俄里翁不止獵殺動物，主管恆星參宿五位於獵人的左肩上，意為「迅速摧毀者」。月神掌管著此月宿，表現出短暫而純粹的自然特徵。

第六個月宿－獵人月宿－恆星黃道雙子座 6.40°至 20.00°－ Ardra

此月宿亦由獵戶座的恆星主管，特別是明亮的一等星參宿四。俄里翁過分高估自己的力量而受到懲罰，這個故事在吠陀神話中再次出現。阿陀羅（Ardra）是惡魔陀羅迦（Taraka），經過多次試煉後被

賦予不可戰勝的力量。陀羅迦不明智地攻擊諸神，最終被諸神所殺。這跟西方神話也剛好相同——俄里翁在多次成功後大聲宣稱自己能夠獵殺任何動物，於是眾神便派出蠍子刺死他。故事的另一個版本是，俄里翁糾纏著戴安娜，因戴安娜是純潔的處女，他再次僭越了限制，因而遭到其兄長阿波羅的懲罰。這個月宿的關鍵字是動物、狩獵、強烈的性慾、艱難、無良地追求商業成就，以及頑固帶來的破壞（成功的野蠻人）——過於堅持，無法察覺應該何時停止。此月宿由風暴之神樓陀羅（Rudra）守護。

第七個月宿－兄弟月宿－恆星黃道雙子座 20.00°至巨蟹座 3.20°－ Punarvasu

此月宿由北河二及北河三所主管。雙胞胎的不朽及凡人之身分別代表人類靈魂的兩部分，一部分想活躍於現實世界，另一部分想回到神聖的起源。在傳統吠陀中，對此並無具體的描述，但主題上明顯也帶出了一分為二的卻又緊緊相連的部分。這個月宿兼具冒險精神與求知欲，一種印第安納瓊斯般的動機。它在緊張關係中具有雙重矛盾的特質。這種知識與行動的結合，可從北河二的水星性質及北河三的火星性質反映出來。這也是一個帶來巨大成就的月宿，因北河三是六顆皇家恆星之一，但這也需要星盤中的其餘因素配合才可實現。諸神之母阿底提（Aditi）守護此月宿，如同卡斯托耳及波呂丟刻斯象徵著從合一的本源中首次分裂。

第八個月宿－奴僕月宿－恆星黃道巨蟹座 3.20°至 16.40°－ Pushya

此月宿由天文學上的巨蟹座中的驢子星所主管，與侍奉有密切關係。傳統的吠陀關鍵詞是飼養、奴役和重生。驢子在基督教中象徵牛棚中的牛及驢子（實際上是在岩洞裡，象徵深邃蒙昧的人心裡）（譯註：耶穌一說是在馬廄裡誕生，但在拜佔庭的一些描繪中是在岩洞中誕生），牛棚是耶穌的出生地，因此牠們將追隨彌賽亞——成為他狂熱的信眾。飼料槽是極為凶險的鬼宿星團，這是一個空槽，沒有主人可以追隨。但此月宿由驢子星主管，而非鬼宿星團，因此並無暗黑的特質。當然，選擇追隨怎樣的主人，決定了它在現世的影響。此月宿由智慧之神祭主仙人（Brihaspati）守護，重複了追隨正確導師的主題。

第九個月宿－九頭蛇月宿－恆星黃道巨蟹座 16.40°至 30.00°－ Ashlesha

這個月宿帶有純粹的蛇的力量，與有毒的多頭怪物形象有關，象徵無法控制的慾望本質。關鍵字很明顯：毒品、色情、操縱、犯罪、政治、催眠、特工、間諜和爬行動物。這促使人直接去發掘慾望的本質，而吠陀關鍵字對於慾望的心理帶來深入理解。此月宿賦予了說服力、性感魅力、強大的性慾、縱情的生活方式，一種引發爭議的行為

傾向，但對爭議不以為然。九頭蛇不單是純綷的慾望本質，也是生命
能量本身。此月宿讓人直接獲得激動人心的力量，而海克力士的神話
則表明了必須完成的事情。他砍下了九頭蛇的所有頭顱，用火防止它
們重新生長（屬靈爭戰），並在最後一個不朽的頭顱上置放一塊沉重
的石頭（道德規範）。在這個月宿可以直接通過蛇的力量使人理解慾
望的心理。慾望是力量的來源，也可能被濫用，這就是為什麼海克力
士如此激進地消滅牠。此月宿由蛇王薩帕（Sarpa）守護。

第十個月宿－獅心月宿－恆星黃道獅子座 00.00°至 13.20°－ Magha

　　軒轅十四是這裡的主星，野心勃勃、渴望權力是這個月宿的主
題。軒轅十四是皇家恆星之中的王者，所有關鍵詞均與尊貴、禮儀、
傳統、領導以及與任何帶來地位的事物有關。更多的描述可總結為：
驕傲、皇室、受人尊敬和傲慢。此月宿與祖先有著密切聯繫，因為這
裡的自豪感建基於延續可敬的傳統，被視為通向原始真理的渠道。
就像英國人對傳統的喜好，乃是基於對歷史成就的驕傲，而不是真
的熱愛過去。在吠陀系統中，守護此月宿的是神聖的祖先——祖靈
（Pitris）。

第十一個月宿－獅背月宿－恆星黃道獅子座 13.20°至 26.40°－ Purva Phalguni

　　這是第二個由獅子座恆星主管的月宿。這裡有獅子的背部太微右垣五及太微右垣四（Theta Leonis），亦稱為西次相（Chertan）或獅子的肋骨。名字可被譯為「第一個紅色的」。關鍵字為：高傲、真摯、獨立、愉悅享受的生活，這些關鍵詞突顯了獅子座的幾個方面。以獅子背部不能騎乘為例，展現了獨立自主。這裡特別強調婚姻、愛情及性愛，猶如房子的主人驕傲地回到家中，是家裡的國王。此月宿由跋伽（Bhaga）主管，此神能為愛情帶來幸福。

第十二個月宿－獅尾月宿－恆星黃道獅子座 26.40°至處女座 10.00°－ Uttara Phalguni

　　此月宿由獅子之尾五帝座一所主管，為第三個由獅子座恆星主管的月宿。其吠陀名稱可翻譯成「第二個紅色的」，表現出它與前一個月宿是何等相似。在傳統的描述中也充滿了獅子座的特色：野心、自豪、尊貴、榮譽地位、領導、勇氣及慷慨，且如同前一個月宿，也代表輕鬆愉悅的生活、獨立及真誠的直率。婚姻、愛情及性愛均屬重要的主題。這個月宿由友善之神阿利耶曼（Aryaman）所守護。

第十三個月宿－雙手月宿－恆星黃道處女座 10.00°至 23.20°－ Hasta

此月宿由烏鴉座的恆星主管，當中以軫宿三最為明亮，其主題也跟雀鳥沒能注滿杯子的故事有關。這強烈表現在關鍵詞中：陶器、陶瓷和手工技能。杯子象徵聖杯，保留與靈性起源的聯繫，而烏鴉便是忘了根源的雀鳥，因牠沒按照阿波羅的命令注滿水杯。烏鴉優先花時間去品嘗美味的無花果，之後向太陽神阿波羅謊稱因蛇阻擋去路，使牠沒法完成任務，其他關鍵詞也清楚地表現出這個主題：騙子、扒手、偽裝者、魔術師、擅長盜竊的人。這個月宿的吠陀名稱「Hasta」意為手，而看手相亦是此月宿提到的另一職業。觀察入微、靈活性、靈巧、相對的幽默也可形容這個由吠陀神蘇利耶（Surya）守護的月宿。

第十四個月宿－室女月宿－恆星黃道處女座 23.20°至天秤座 6.40°－ Chitra

這個月宿的主管恆星為角宿一，這顆星的正對面位置剛好標記著恆星黃道的起點。傳統吠陀對此處的記載內容並不清晰，但均反映出室女座主要恆星的正面特質。關鍵字為：藝術才華、醫學、開拓、捍衛貧弱者及發明。毗首羯磨天是此月宿的主神，他被視為創造物質幻象的建造之神，因此這與被物質表象所遮蔽的真實本質有

著密切關聯，道出其藝術感和激進的理想主義。而且發明也可以用這種方式來理解，假如你知道物質世界如何運作，你便可以籍此等知識創造新事物。

這剛好符合室女座的主題：透過淨化與篩選，發現被物質表象所遮蔽的真實本質。角宿一是室女座的麥穗，是收割過程的最終成果及集中點。它也跟聖母瑪利亞緊密相關，而神通過聖母瑪利亞誕生於世上。在希臘神話中，此角色由阿斯忒里亞代表，她的父親是代表純物質的泰坦——眾神之敵，而她選擇了眾神，道出了與前述完全相同的主題。

第十五個月宿－十字軍月宿－恆星黃道天秤座 6.40°至 20.00°－ Swati

此月宿由牧夫座主管，牧夫是熊的看守者，主要恆星為大角星。所有古典關鍵字均與風、空氣、呼吸、精神有關，而「Swati」意為劍，標誌著具體行動與戰爭。在這個月宿的描述中，道出了對自然本能的控制，恰好對應牧夫看守大熊——暴戾猙獰的動物。這裡的形象為一位投入社會大事、果斷的政治戰略家，相信進步和平等，帶有一絲社會民主的意味。具體成果對此月宿而言很重要，這些成果可能是財務上的，而非單純的理想主義。

形象中的牧夫座裝備精良，在獵熊時進入寺廟，表明了十字軍

的能量——為神聖的目標採取暴力行動。牧夫座是世俗暴力與神聖
啟發間滿佈張力的結合，其中心主題是通過更高層次的覺悟，以正
確的方式導引行動。這反映在吠陀神話中，守護這個月宿的風神伐
由（Vayu）的兩名兒子：極暴戾的毗摩（Bhima）及充滿靈性的哈
奴曼（Hanuman）。與空氣及呼吸的強烈聯繫顯示出十字軍的精
神面向：聖戰中存有靈性，而這能引導及控制本能。與空氣有關的
一切都代表抽象的本能，這解釋了為何它在許多冥想方法中如此重
要。這反映出巨熊／野豬的主題（行動；沉思或世俗；精神上的權
威），並與牧夫座有關。在李小龍的星盤上，月亮位於此月宿，完
全展現了其本質。

第十六個月宿－鉗爪月宿－恆星黃道天秤座 20.00°至天蠍座 3.20°－ Vishakha

此月宿由天秤座北方的秤氐宿四以及南方的秤氐宿一所主管，亦
被視為天蠍的鉗爪，因古人認為天秤座是天蠍座的一部分。利爪代表
為正義而復仇，準備好進行一切必要和公正的事情。南方的秤是宇宙
版的哈里警長（譯註：詳情見第三章天秤座部分），或「上帝之鞭」
阿提拉（Attila the Hun）——懲罰道德敗壞的人。這個月宿的主題
是極端地以目標為本，不惜一切去實現目標，果斷地排除任何阻礙目
標的事情。它造成轉折或斷裂，會令人過分投入。此月宿與外交或民
主無關，反對派只會被消除。你可以稱之為長征的月宿，因為不管花
上多少時間，只要目標是公正的，都必定會達成。在吠陀神話中，惡

魔殺手因陀羅（Indra）是這個月宿的其中一個守護神。

第十七個月宿－蓮花月宿－恆星黃道天蠍座 3.20°至 16.40°－ Anuradha

　　這是第二個由天蠍座主管的月宿，在這裡的主要恆星為房宿四及房宿三，分別位於蠍子的頭部和螯。傳統的吠陀描述中卻出乎意料地正面：熱情好客、友誼、分享，似乎不太貼合險惡的天蠍座，並且天蠍座更是無情地殺死宇宙巨人俄里翁的野獸。殺死獵人所代表的巨大物質之後，這些積極的意象浮現出來是必然的結果，如此你才可擺脫俄里翁，體驗物質背後的合一。這種合一性正是蓮花之宿的關鍵字之一——美麗的蓮花植根於泥土中，完美地符合曾潛伏於黑洞的可怕蠍子，蛻變成皇家之鷹後飛至天堂的形象。

第十八個月宿－蠍心月宿－恆星黃道天蠍座 16.40°至 30.00°－ Jyeshta

　　位於天蠍座心臟、鮮紅的終極死亡之星——心宿二主管此月宿。這些關鍵詞全都指向強大的能量和鬥志，與蠍子之心的軍事本

質相符。蠍子是眾神派遣的野獸，刺死神話中的查爾斯・布朗森（Charles Bronson，譯註：被譽為英國最暴力的罪犯）——俄里翁，因而關乎到對神秘和隱秘事物的深刻見識，真正的目標藏於被遮蔽的事物背後。這個月宿的中心主題是殺死強大傲慢的「物質」敵人，此敵人可能以人物或思想形態出現。這是第三個由天蠍座主管的月宿，強調了保護家庭、家族中具有責任感的領導者。惡魔殺手因陀羅守護這個月宿。

第十九個月宿－毒刺月宿－恆星黃道射手座 0.00°至 13.20°－ Mula

這是第四個天蠍座主管的月宿，強調了天蠍座的毒刺，但與別人的戰鬥並不常見，因為毒刺只會針對自己。這個野獸刺死自己，是因為在這個月宿中充滿失望的經驗，需要大量精力及樂觀才可駕馭（白手起家）。這個月宿的女神為涅哩底（Nirrti），更常被稱為黑暗與死亡的女神——迦梨（Kali），她會帶來崩解。強烈的崩解趨勢將導致徹底的脫離，對應一而再、再而三刺殺你的行動。從某種意義來說，你在這個月宿中扮演著俄里翁的角色。

第二十個月宿－射手之弓月宿－恆星黃道射手座 13.20° 至 26.40°－ *Purva Ashada*

　　此月宿由弓箭手之弓上的一對恆星主管，而在占星學中，弓箭手就是凱龍。傳統的關鍵字與水、海事、寫作和武器有關，並指向強大的說服力，樂觀主義，激烈地消除障礙，以及精神上的獨立。完全符合凱龍是許多英雄的導師這一形象，而弓箭當然代表熱情地傳播思想和知識。

　　水在這裡得以強調，似乎顯得格格不入，但其實這與凱龍的雙重性有關。作為半人馬，凱龍只有一半為人類，而後半部分則為馬身，常突顯出他的性器官。馬身部分代表慾望的本質，而半人馬座的主題在於一種痛苦張力，存在於先天強大的本能和後天自我覺知的抽象意識之間。水是慾望的象徵，而水中的活動反映出凱龍這部分的特質，表現出他與其本能部分的關連。在慾望的驅動下，他熱情地傳播知識，但正如神話所指，本能部分可能佔領上風。結果，所有信念帶來的力量、對理想的熾熱追求都可能被導向錯誤的方向，偏離軌道。此月宿亦被翻譯為「不可戰勝」（Invincible One）。水神伐樓那（Varuna）及水神阿婆（Apa）守護此月宿。

第二十一個月宿－駿馬月宿－恆星黃道射手座 26.40°至 摩羯座 10.00°－ Uttara Ashada

　　這是第二個與弓箭手凱龍相關的月宿，但主管這裡的恆星位於其身體而非弓箭上，強調了另一重點。傳統的關鍵字為：馬、野心、戰鬥力、駕駛、傳遞願景及見解。此月宿被稱為「另一個不可戰勝」（Second Invincible One），可見它與上一月宿的緊密關聯。這裡也跟新概念有關，但比較強調身體而不只弓箭本身。

　　因此，這裡有一種更現實的態度，熾熱的驅力不再那麼勢不可擋。同樣在這個月宿中，對理想的追求是很強烈的，且半人馬的動物面向始終會有壓倒人性的危機，令理想主義淪為無情的狂熱主義。這個月宿的守護者為主管意志與正直的眾神（Vishvadevas）。

第二十二個月宿－天鷹月宿－恆星黃道摩羯座 10.0°至 23.20°－ Shravana

　　此月宿由天鷹座主管，朱比特將伽倪墨得斯帶到靈性的奧林匹斯山。鷹的另一個形象是用頭埋進屍體的禿鷲。因為脖子是無毛的，故未沾上塵世的腐敗。兩個形象均表明人們尋求真理的強大動力、靈性志向及野心。吠陀關鍵字同樣反映出這一主題，這個月宿會產生真誠的導師及發掘真相的探索者，他們集中使用語言來傳播知識，亦擔

當顧問的角色。這個月宿的符號是一隻耳朵，因傳統上知識是靠口耳相傳，只是後來才透過書寫來傳播。此月宿由智慧女神辯才天女（Saraswati）守護。

第二十三個月宿－海豚月宿－恆星黃道摩羯座 23.20°至水瓶座 6.40°－ Dhanishta

此月宿由海豚座的四顆恆星主管，音樂、詩歌、勇氣、醫藥、仁慈、財富及慷慨等關鍵字都直接與海豚座的神話故事有關。該故事講述萊斯沃斯島的詩人阿里翁（Arion），在乘船歸家的路上累積了大量財富，卻受到船員所威脅，企圖偷走他的財產。他請求船員施捨最後的恩惠，准許他唱哀歌並獲得了允准。當他開始唱歌時，意外從船上跌落下去，被一隻因歌聲而來的海豚救出。

海豚的象徵是該故事的重要意涵，因這與南交點有重要關聯。阿里翁的歌聲吸引了海豚，因此透過音樂，他擺脫了物質世界的束縛。南交點代表生命的出口，亦是通往更高靈性世界的入口。在傳統的吠陀描述中，這裡強調的是宇宙大愛、同情心，以及對神秘事物的開放性。但在此月宿的另一面也可能更突出，如迷戀於累積財富及金錢，這需視星盤的其他要素來論斷。古時的摩羯座，也有這個月宿的一部分落入其中，因此曾被稱為海豚座。這裡由世俗的財富之神婆蘇（Vasus）所守護。

第二十四個月宿－斟酒人月宿－恆星黃道水瓶座 6.40°至 20.00°－ *Shatabisha*

　　此月宿由寶瓶座主管，在這個星座中，斟酒人倒出了征服慾望的甘泉。解釋了其與航空及太空旅行的強烈關係——如果慾望之水已被馴服，我們便能昇華至更高境界。這更體現於朱比特化身為鷹將伽倪墨得斯帶到奧利匹斯山，讓他在眾神的盛宴上侍酒一事。這裡的關鍵詞為：打獵、粗俗的語言，以及對難治之症的研究。這些描述還包括真實、古怪、固執等原則，但同時也帶來樂於助人、平和及守舊並虔誠。這裡的中心主題是實踐和發展一種更真誠的人性態度。它的象徵意義與馴服及蒸餾慾望的海水有關，描繪出慾望轉化成可飲用的甘泉後，便會保存於杯中。

　　在天堂的形象中，我們看見水從杯湧出，流進北落師門，即魚嘴中，指向神秘的啟蒙與救贖。因這顆恆星代表耶穌的誕生，其象徵意義是展現出仁慈之後才能帶來精神昇華。慾望的海水須經過蒸餾及淨化，才能變得甘甜，而這正是斟酒人所進行的事情。以打獵為例，必須嚴格遵守規則並帶著仁愛之心去進行。遵循傳統法則，就可以開始感知仁愛（例如，在狩獵的過程中，古代的規則表現出對獵物的尊重，以及對侵略意慾的控制，這些經常被誤解）。這個月宿的本質是依照仁慈行事，若現存的規則不符合這種本質，它們將不被理會。研究難治之症也吻合仁慈的概念，因傳統的宗教信仰及慈愛也是如此。隱藏及秘密的主題在這裡得以強調，因為必須保護珍貴純淨的甘泉免受環境污染，水中生物之神伐樓拿（Varuna）守護此月宿。

第二十五個月宿－墮落月宿－恆星黃道水瓶座 20.00°至 雙魚座 3.20°－ Purba Bhradapada

　　此月宿由飛馬座的恆星主管，柏勒洛豐騎著飛馬，企圖擅自闖進奧林匹斯山。眾神不悅，派出牛虻釘傷飛馬珀伽索斯，令柏勒洛豐被跌落地面，餘生就在盲目中孤獨飄泊。吠陀的關鍵詞均為負面的：死亡、藥物、恐怖主義、黑魔法、癡呆、腐爛……其核心問題是拒絕接受高等指導。魔法、藥物及恐怖主義完全表現出這個月宿在同一主題上不同層面的本質，它們都是強行進入奧林匹斯山的方法。此月宿代表精神上的傲慢、無視眾神的驕氣，因而落得墮落的下場。頑固的態度是眾多描述中的核心主題，並結合蔑視法律和邊界的犯罪。飛馬代表擺脫物質束縛的渴求，但在這裡表現出負面的形式。室宿二為主管此月宿的其中一顆恆星，代表陷在泥裡的飛馬蹄。

第二十六個月宿－翅膀月宿－恆星黃道雙魚座 3.20°至 16.40°－ Uttara Bhradapada

　　這是第二個由飛馬座恆星主管的月宿，但傳統中它被視為上一個月宿的光明面和對立面。引導在這裡會受到接納，吠陀的關鍵詞也非常正面及靈性：瑜珈、寺廟、冥想、博學、仁慈、奉獻、密宗，以及與生命終結息息相關的事物。此月宿之所以具有正面意涵，是因為它同時受到仙女座壁宿二的主管。靈魂開放自己，接受更高指引，從而

擺脫物質的束縛。騎在飛馬上的英雄珀耳修斯，從海怪手上救出落難少女安德洛墨達，演繹了拯救的主題。

　　主管此月宿的恆星位於飛馬的翼尖上，指向整個故事的光明面向。這描述了美德、魅力、願意犧牲、樂於助人，以及超自然的敏銳感、平等和寫作才能。必須釐清的是其對立面——頑固、自我毀滅的狂熱主義並非完全消失，也有可能會表現出來。假如你單純地視此月宿為正面及靈性的，那便會產生錯誤，因為星盤才是基本的框架，決定它的影響會如何表現出來。此月宿與墮落月宿都以飛馬座為主題，但強調的地方各有不同。深處之蛇阿醯勃坧尼斯（Ahir Budhanya）守護此月宿，代表基本的宇宙能量、靈性和超自然敏銳感。用西方語言表達的話，可以說這個月宿瞥見了奧林匹斯山。

第二十七個月宿－雙魚月宿－恆星黃道雙魚座 16.40°－30.00°－ Revati

　　最後一個月宿由雙魚所主管，兩尾魚兒以絲帶相繫，朝著相反方向游動。兩尾魚分別代表太陽及月亮兩個發光體，構成宇宙的兩極在這裡由絲帶所連接，再次指出月交軸的象徵及一個循環的最後階段。雙魚代表神，因魚兒是不眠的，且能夠在慾望之水中自由暢泳，免受傷害。在最後一個月宿中，亦是黃道周期的最後一個天文星座裡，恩典在犧牲後才會降臨。這是個總結的階段，以及終極的解決之道。這解釋了為何在傳統吠陀關鍵字中，此月宿與時間測量有關。時間本身

就是結束世俗生命的條件之一。因此，雙魚月宿的本質之一，就是作為通往另一高等世界的大門，擺脫物質和時間的限制條件。

吠陀的描述中，還提到幫助、堅定想法、熱愛旅行（此月宿象徵月交軸，即終極的旅程）及樂觀主義（看見更高更美好的世界）。這個月宿還代表了有力的養育，同時正如先前所顯現的一樣，它也是太陽的子宮。由雙魚象徵的月交軸正是肉體生命進出的大門。從另一層面看，這也跟婚姻有明確關連，因月交軸是太陽及月亮軌道相匯之處，而且雙魚以絲帶相連，被視為太陽的陽性及月亮的陰性之間相連。而在更世俗的層面中，巴士、火車、道路建設和維修工程也跟此月宿有關，因它與保持道路暢通和聯結有關。在宇宙的層面上，月交點的本質就是道路和大門。此月宿由安全出行及養育之神普善（Pushan）所守護。

結合傳統吠陀及古代西方神話，對月宿的理解便加倍深入，更易將其意涵融入西方的古典星盤分析中。即使對吠陀占星的技巧一無所知，亦能做到這一點。吠陀占星僅作為一個來源，令象徵意義更為豐富，幫助說明月宿對生活產生的影響。解讀月宿的重點是月亮的位置，因月亮象徵靈魂將精神聯結到肉體，但同時亦值得留意上升點。

然而，解讀時並不需要有系統地分析所有行星及宮始點所落的月宿位置，儘管被四個行星佔據的月宿可能會提供一些重要資訊。你需要限制自己，在占星分析中，「越少反而越多」。最重要的一點：應在評估整個星盤之後才觀察月宿，這理應是分析過程的最後一步。而你應該在整個星盤的框架內作判斷，這樣才可以理解所有事情會如何運作。假如有一個象徵財富的月宿，但這與星盤的財務因素有所抵觸，便需要調整對月宿的判斷。然而，它的神話主題通常會是生命的

核心主題。

在這個統一的體系中，神話故事的多層意義會成為重點。神話不單以具體形式表現，也會從心理、道德及靈性層面運作。這使人想起傳統的聖經故事——聖言誦讀（Lectio Divina），它主要分為四個互相關聯的意義層次，當中以神秘的靈性意義為最高層次。

要對此作出描述，我們可以思考為何蛇會脫皮。蛇是慾望的終極象徵，亦等同於二元性。危險之處在於蛇會陷入慾望的本質中，無法進一步發展。因此，為了將自己從極端的物質力量中拯救出來，牠需要脫下表皮才可自由活動。皮膚由土星代表，這是個象徵堅固形態的行星，會趨於僵化。形態變化是必要的，而且可應用在各個層面：物質、心理及靈性上。這是一個往多層象徵思考的例子，從而理解神話的意義。在雙魚月宿中，這是非常明顯的。各種各樣的關鍵字以不同的方式從相同的月交軸符號中衍生出來，所以這個月宿可以在火車駕駛員的星盤中非常顯著（保持道路暢通），亦可能在占星師的星盤中被突顯（測量時間）。

第 六 章

二十四個
案例研究

Fixed Stars
in The Chart

———— •••• 解說尊貴力量 •••• ————

　　為理解此章節的案例分析，你需要先了解古典占星中的尊貴力量系統。兩種尊貴力量形容的是兩種能量。第一種是必然尊貴，第二種是偶然尊貴（請參看下方）。必然尊貴是透過行星所落的星座來衡量。火星在牡羊座乃是位於自己的入廟星座，因此擁有必然尊貴。而火星在摩羯座也強而有力，是其入旺的位置，同樣擁有必然尊貴。

　　與行星入廟或入旺（exaltation）相對的負面位置，分別為「入陷」（detriment）及「入弱」（fall）。換言之，即行星落在入廟或入旺位置對面的星座。假如行星落在它入廟或入旺位置的對立面，便無法良好地發揮，為「必然無力」（essentially debilitated）。舉例來說，火星在天秤座，為入廟的對立位置，所以在此入陷。這是個艱難的火星，會在某些層面上產生麻煩。假如火星位於巨蟹座，此為入旺的摩羯座的對立位置，同樣沒有尊貴（為入弱的位置），將以負面的方式表現。

　　所有行星都有讓其表現得有力或無力的星座，邏輯如下：

太陽：入廟於獅子座而有力，入旺於牡羊座。
於獅子座對面的水瓶座入陷而無力，入弱於天秤座。

月亮：於巨蟹座入廟而有力，入旺於金牛座。
於摩羯座入陷而無力，入弱於天蠍座。

水星：於雙子座及處女座入廟而有力。

於射手座入陷而無力，於雙魚座入陷且入弱。

處女座是水星入廟且入旺的位置，水星在此擁有極多力量。

金星：於金牛座及天秤座入廟而有力，入旺於雙魚座。

於牡羊座及天蠍座入陷而無力，入弱於處女座。

火星：於牡羊座及天蠍座入廟而有力，入旺於摩羯座。

於天秤座及金牛座入陷而無力，入弱於巨蟹座。

木星：於射手座及雙魚座入廟而有力，入旺於巨蟹座。

於雙子座及處女座入陷而無力，入弱於摩羯座。

土星：於水瓶座及摩羯座入廟而有力，入旺於天秤座。

於獅子座及巨蟹座入陷而無力，入弱於牡羊座。

此系統只適用於古典的守護關係——木星守護雙魚座，火星守護天蠍座，土星守護水瓶座。外行星在此模式下並無作用，這是個嚴格的邏輯，且易於記憶。一些占星師不用「入陷」這個用語，而用「流亡」（in exile）代替。但「入陷」似乎更符合其狀態，因行星失去了該有的正面力量，嚴重地受到傷害。一般而言帶來正面意義的木星，入陷時會產生麻煩。

入廟、入旺、入陷及入弱的配置是最重要的尊貴力量，描述了行星力量的主要差異。另外還有三種較為次要的正向尊貴力量，以元素分布最為重要。若行星所屬的元素性質與自身性質吻合，就具有一定的力量，但力量肯定不及入廟或入旺。假如行星落在適當的元素上，

此類尊貴在古典占星學中稱作「三分性」（triplicity）。三分性是元素的另一種簡單說法。

　　要查看行星是否落在三分性的位置實在簡單不過。第一步就是先判斷手上的是日間盤還是夜間盤。如果太陽在地平線上，位於第七宮至第十二宮，這是一張日間盤。如果太陽在地平線下，位於第一宮至第六宮，這是一張夜間盤。假如已經很清楚這一點，我們將採用以下系統（譯註：作者採用了托勒密對三分性尊貴的分配方式）：

日間盤（日間的）：

　　太陽、金星、火星及土星落在合適的星座時，會得到額外的必然尊貴力量。

　　三分性的必然尊貴：太陽在火象星座、土星在風象星座、火星在水象星座、金星在土象星座。

夜間盤（夜間的）：

　　木星、月亮、火星及水星落在合適的星座時，會得到額外的必然尊貴力量。

　　三分性的必然尊貴：木星在火象星座、水星在風象星座、火星在水象星座、月亮在土象星座。

　　另外還有一種系統，安排三顆行星而非兩顆給每個元素。一些古典占星師偏好這個系統，因為它更為古老。在應用上沒法證實哪種系統更佳，而且雙主星系統亦如三主星系統般古老。在占星學的不同分支中，雙主星系統也表現出其效用。

　　除了三分性外，尚有其他次要的尊貴力量——「界」（term）及「外觀」（face），外觀又稱為「十度區間」（decanate）。這給予行星較低程度的額外力量，並沒有很多。界的力量是按每個星座所劃分的五個行星區域來評估的，在每個區域上，行星就位於它的「界」。外觀的力量也以同樣方式運作，卻把星座分為三個十度的區間。這些次要的尊貴力量比起其他尊貴帶來較小的力量，但有時也相當重要。以下為五種必然尊貴的概覽。

　　使用下一頁的必然尊貴表：由左至右為行星落在此星座時「所擁有的尊貴」。緊接星座符號的第一欄為星座廟主星，第二欄為旺主星，而在「三分性」下的就是三分性主星（首先是日間的三分性主星，之後是夜間的）。在「界」下方的是界主星，每個星座分成五個區域。最後一行是外觀或十度區間主星，在 10° 的區域上擁有主管權。「入陷」的欄表示了入陷於此星座的行星，而「入弱」則為入弱於此的行星。在旺的那一欄所註明的特定度數，代表行星落入此度數將會額外尊貴（譯註：即旺宮度數）。從左到右時，主星會越來越弱，廟主星比起界主星或外觀主星重要得多。

　　我們可用日間盤中落在金牛座 9° 的水星來舉例。水星在這裡有多少尊貴力量？金牛座的主星是金星，旺主星是月亮，即金牛座是一個由金星守護的星座，而月亮在此為入旺，所以金星及月亮在此擁有更多力量，並以正面方式運作。但水星則不一樣，它沒有入廟或入旺

行星的必然尊貴和無力（托勒密版本）

星座	入廟	入旺	三分性		界					外觀			入陷	入弱
			日	夜										
♈	♂ 日	☉ 19	☉	♃	♃ 6	♀ 14	☿ 21	♂ 26	♄ 30	♂ 10	☉ 20	♀ 30	♀	♄
♉	♀ 夜	☽ 3	♀	☽	♀ 8	☿ 15	♃ 22	♄ 26	♂ 30	☿ 10	☽ 20	♄ 30	♂	
♊	☿ 日	☊ 3	♄	☿	☿ 7	♃ 13	♀ 21	♄ 25	♂ 30	♃ 10	♂ 20	☉ 30	♃	
♋	☽ 日/夜	♃ 15	♂	♂	♂ 6	♃ 13	☿ 20	♀ 27	♄ 30	♀ 10	☿ 20	☽ 30	♄	♂
♌	☉ 日/夜		☉	♃	♄ 6	☿ 13	♀ 19	♃ 25	♂ 30	♄ 10	♃ 20	♂ 30	♄	
♍	☿ 夜	☿ 15	♀	☽	☿ 7	♀ 13	♃ 18	♄ 24	♂ 30	☉ 10	♀ 20	☿ 30	♃	♀
♎	♀ 日	♄ 21	♄	☿	♄ 6	♀ 11	♃ 19	☿ 24	♂ 30	☽ 10	♄ 20	♃ 30	♂	☉
♏	♂ 夜		♂	♂	♂ 6	♃ 14	♀ 21	☿ 27	♄ 30	♂ 10	☉ 20	♀ 30	♀	☽
♐	♃ 日	☋ 3	☉	♃	♃ 8	♀ 14	☿ 19	♄ 25	♂ 30	☿ 10	☽ 20	♄ 30	☿	
♑	♄ 夜	♂ 28	♀	☽	♀ 6	☿ 12	♃ 19	♂ 25	♄ 30	♃ 10	♂ 20	☉ 30	☽	♃
♒	♄ 日		♄	☿	♄ 6	☿ 12	♀ 20	♃ 25	♂ 30	♀ 10	☿ 20	☽ 30	☉	
♓	♃ 夜	♀ 27	♂	♂	♀ 8	♃ 14	☿ 20	♂ 26	♄ 30	♄ 10	♃ 20	♂ 30	☿	☿

的尊貴力量。在這張日間盤上，土象星座的三分性主星為金星，所以水星亦無法透過三分性獲得任何必然尊貴。但水星透過界得到一點尊貴。這顆行星位於金牛座第二個界，即 8° 至 15° 之間，這是由水星主管的界，所以從界的力量而言，它落在正確的位置上。金牛座的第一個外觀，即第一個十度區間也由水星主管，所以它也透過外觀得到一點力量。我們可以說，水星擁有界及外觀的尊貴力量，這並不算多，但總好過一無所有，也好過入弱或入陷般無力。

另一個要說明的是「外來的」（peregrine）。當一顆行星沒有任何尊貴時，它便是外來的，不好也不壞。它並無入廟，也沒有入旺、三分性、界、外觀、入陷、入弱。「外來的」這個詞義為「漂流」：並非惡劣的，亦非優秀的，純粹欠缺方向。這也解釋了為何它傾向於帶來挑戰，因為缺乏清晰方向時，就很容易誤入歧途。經常有人說，一顆行星入陷或入弱，同時也是外來的，因它沒有正面的尊貴。這是錯誤的，處於不良狀態的行星就是徹頭徹尾的不良，外來的

只代表流離浪蕩，兩者並不能混為一談。行星不可能既是中性又是不良的。

我們還要考慮吉星及凶星。木星及金星為吉星，這些行星傾向於帶來愉悅的影響，但這僅限於它們擁有必然尊貴的時候。若失去尊貴，其吉性也會被削弱。舉例說，木星入陷於處女座時，就不能被視為吉星了，它是「偶然的」（accidental，譯註：在此是指原來的吉星因入陷而失去吉性而轉凶，與偶然尊貴意義不同）凶星，無法良好運作。土星及火星在本質上是凶星，傾向於帶來惹人生厭的影響。可是，若凶星擁有必然尊貴，就會減少凶性，甚至可能比預期運作得更好。其餘三顆行星大致上是中性的，但尊貴力量的法則依然用得上——尊貴力量越多，其影響就越正面。

偶然尊貴

必然尊貴的程度及行星力量代表它的品質——能多純粹、多有效地發揮其有利的一面。金星在天秤座是完整的金星，在此情況下，行星可以按其本質運作。另一種尊貴稱作「偶然尊貴」，代表的是另一種力量：行星能展現於世間的力量。其重點不在於行星是否按其本質運作，而是它彰顯於世的作用有多強大。偶然尊貴代表的是數量，必然尊貴代表的是品質。我們可以用下列的簡易法則來評估偶然尊貴的程度。

強：落在始宮或第十一宮；快速移動（不適用於土星）；順行；與凶星無緊密相位；落在喜樂宮（見下文）；與有利的恆星角宿一及軒轅十四合相。

中：落在第二、三、五或九宮。

弱：與太陽合相或形成對分相（焦傷）；逆行；落在凶宮（第六、八或十二宮）；緩慢移動（不適用於土星）；與凶星有緊密相位；被圍攻（在兩個凶星的相位之間）；在喜樂宮的對宮；在凶恆星大陵五上。

月亮在減光時較弱，在增光時較強，而且在燃燒途徑——「燃燒之路」（天秤座 15° 至天蠍度 15° 的區間）會被削弱。北交點有擴張及強化的影響，與北交點合相一般而言是正面的，但當疾病之類的因素與這股擴張力合相，便會帶來不利。南交點能縮小及抑制，多數是負面的。

喜樂宮是由「良好的」宮位配置衍生而來的偶然尊貴，代表行星落在該宮位時，本質上如同置身家中：水星在第一宮，月亮在第三宮，金星在第五宮，火星在第六宮，太陽在第九宮，木星在第十一宮，而土星在第十二宮。行星落在喜樂宮時會感覺良好，因而有更多力量在世上表現其本質。行星落在喜樂宮的對宮位置，會因感到不舒適而減弱。

焦傷，即與太陽合相，是極具傷害性的一種行星無力的表現。當一顆行星與太陽合相的度數為 17'30" 至 8°30' 時，便稱為焦傷（combustion），會傷害行星，且阻礙它的運作能力。若合相度數在 8°30' 至 17°30' 之間，則稱作「太陽光束下」（under the Sun's beams），也會產生困難，但程度遠不及焦傷。與太陽對分時也會產生焦傷，容許度跟合相一樣。然而，有個特例稱為「核心內」（cazimi），指行星與太陽精確會合時會極為強大——在核心內的行星不會受阻。核心內的容許度為 17'30"，所以並不常見。

另有偶然尊貴稱為場域（hayz）及區分（halb），指行星在星盤的正確位置上，使行星更有力量。區分意指行星位於星盤中正確的一邊：日間行星土星、太陽及木星在日間盤中應落在地平線上，在夜間盤中應落在地平線下，而對於夜間行星月亮、金星及火星而言則相反。在場域內的行星比僅在區分中的行星有更強的偶然尊貴。日間的陽性行星不單要落在星盤中的正確部分，同時亦要落在陽性星座。夜間的陰性行星金星及月亮應在區分內，同時亦要在陰性星座，才可納入場域內。（風象及火象星座為陽性，土象及水象為陰性。）火星是陽性的夜間行星，東出的水星為日間行星，西入則為夜間。場域或區分只是眾多偶然尊貴之一，其重要性不應被誇大。

土星、木星及火星若比太陽更早升起（東出），會有更強的偶然尊貴。而月亮、金星及水星若在太陽之後才升起（西入）便會較強，而相反則會較弱。行星在北黃緯上的度數越高（隨著它在天空的能見度提高），越有力量，行星在南黃緯上的度數越高，越無力。這是合乎邏輯的，因偶然尊貴與展現於世間的力量有關。

容納（*Receptions*）

　　容納在占星學中至關重要，它帶出了行星如何相互影響，是彼此傷害或互相幫助。要評估這種關聯，便需要用到必然尊貴力量表。有個例子可說明其運作方式。假設我們正在評估在牡羊座的水星為生命帶來何種影響，對牡羊座的水星而言最重要的容納，會引導我們進一步分析星盤。在分析容納的基本法則中，在某星座的行星會對其定位星帶來正面影響，而對於在此星座入弱或入陷的行星會有負面影響。所以水星在牡羊座會對金星（在牡羊座入陷）及土星（在牡羊座入弱）帶來負面影響。它會正面地影響火星（牡羊座的主星）及太陽（入旺於牡羊座）。容納也適用於較次要的尊貴——三分性、界及外觀定位星，但這類容納明顯較弱。通過容納建立聯繫，可有系統地找出相關象徵因素之間的所有連接，且我們應先進行這種分析後，才繼續下一步。

···• 二十四個案例研究 •···

芙烈達·卡羅（Frida Kahlo）── 哭泣七姊妹 ──

　　這位墨西哥藝術家芙烈達·卡羅的生活相當戲劇性。她的命運似乎由恐懼、寂寞、嚴重疾病和不可思議的可怕事故組成。從星盤中凶恆星出現在重要的位置上可以清晰地看到這些情況。引人注目的是位

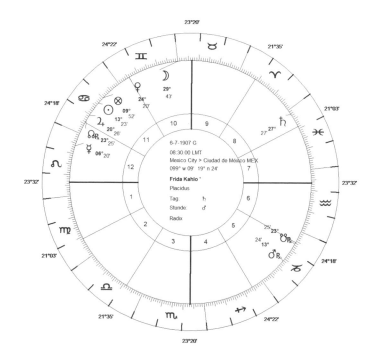

於第十宮的月亮，落在昴宿星團——哭泣七姊妹或「淚水星雲」的主星昴宿六上。昴宿星團的昴宿六是天空中一顆最凶險的恆星，其描述甚少是正面的：失明、疾病、發熱、過度的情慾……不會讓你快樂或平靜。事實上，昴宿星團的七顆恆星所代表的影響在象徵層面上類似七顆行星，它們把你帶到世俗的物質生活，令你脫離了行星背後更美好、更高層次的世界。

這會帶來多不勝數的麻煩、悲傷及失望，具體由昴宿星團的神話故事所呈現。象徵純粹物質力量的宇宙巨人俄里翁追趕著她們。他既是動物獵人，亦狩獵女性，所以這顆恆星的其中一個關鍵字為極端的情慾。昴宿七姊妹是月亮女神戴安娜的同伴，而戴安娜是位純潔的處女，小心翼翼地與男人隔絕。她代表昴宿星團七姊妹所追求的純潔，卻被俄里翁所侵犯。這故事反映出昴宿六及昴宿星團的行星特質：月亮及火星般的組合。

在卡羅的星盤上，昴宿星團的能量透過月亮表現出來，月亮為其中一個位於天頂的發光體，佔領最高最顯注的位置，所以月亮會對生命帶來重大影響。月亮亦是第十二宮的主星，守護這個代表孤獨、自我摧毀、上癮及悲傷的宮位並不會帶來任何好處。唯一正面的是月亮入旺於金牛座，具有大量尊貴力量。所以月亮具有優秀的品質，可以運作良好，補償所有的苦難。透過月亮，負面的情緒及經歷能以較正面的方式表現出來，這就是卡羅明確提到的藝術創作動機：穩定的情緒。她被稱為超現實主義的藝術家，這與月亮的流動形式非常吻合。超現實主義充滿水及月亮的特性，捨棄了土星僵化的實現形式。月亮也表現了卡羅是位著名的獨立女性主義者。昴宿七姊妹的同伴是貞潔女神戴安娜——不會跟男性發生任何關係。神話故事典型的兩面性顯現於卡羅的生命裡，一方面她是位如戴安娜般的獨立女性主義者，另

一方面她是俄里翁,活躍於男女的性愛之中。因此,故事裡的不同情節、不同角色都可以彰顯於生命中。神話就如劇本一樣,提供各種演繹的可能。天頂上的恆星突顯了苦難不幸的全盤劇情,超凶險的大陵五與喪失頭顱、混亂及危機有關。大陵五是被珀耳修斯所斬下的美杜莎頭顱,當它在推運中被激發,或在太陽回歸盤上推進至始宮位置等情況下,也會帶來極度的麻煩。

這個重要的月亮與第六宮主星土星形成緊密的六分相,進一步強調疾病與不幸的主題。土星落在室宿二,為飛馬座的馬蹄,在古文記載中與謀殺、自殺、苦痛及溺死有關。飛馬座的中心議題是拒絕接受指導,因固執而墜落深處。這是星盤中的第三顆恆星,表示出非比尋常的問題。這顯現在卡羅十八歲那年所遇上的公車意外,她在事故中被鋼管刺穿。月交點軸線上的南交點,也剛好位於代表疾病的第六宮的宮始點,呈現出這種不可思議的可怕事故的鮮明圖像:鋼管像月交軸般貫穿她的身體。若月交點與行星或宮始點緊密會合,便會為生命帶來明顯影響,比起它們在宮位內的某處要明顯得多。只有跟月交點合相才被考慮,其餘相位並不納入考量之中。在某程度上,月交點可以媲美恆星。

恆星落在月交點上沒有太大影響,但如果月交點、行星、恆星會合,或月交點、宮始點、恆星會合,這顆恆星就自然成為圖畫中的一部分。卡羅的星盤正是如此,代表疾病的第六宮的宮始點落在宿命之星狗國四。擁有擴展及強化特質的北交點則落在對面第十二宮的宮始點的南河三上,這是兇猛的小犬座的明亮主星,帶有水星與火星般的特質。在這個代表做蠢事來傷害自我的宮位,其宮始點遇上這個組合並非樂事。木星守護代表創意的第五宮,與天頂有緊密相位,並落在帶來成就的皇家恆星北河三上,為她的藝術家身份增添了許多名氣。

　　在代表創意的第五宮內，入旺的火星落在織女一——為二十顆第一星等的精英恆星之一，明亮耀眼。它是天琴座的主星，與藝術息息相關。與火星對分的是守護第一宮的太陽，最能代表卡羅本人，剛好落在大犬座的主星上——兇狠的天狼星。這並非一個和平的配置，指示出她與男人及權威的無數紛爭。她的兩性關係跟餘生一樣如暴風雨般激烈。最後，水星落在凶險的鬼宿星團，位於悲痛的第十二宮。同時水星亦跟天頂的大陵五形成映點，所以這張星盤簡直是一杯有毒的雞尾酒，由大陵五、鬼宿星團及昴宿六混合而成，實屬罕見。水星主管代表雙腿的第十一宮，疾病點的公式為：上升＋火星－土星（這是日間盤的計算方式，夜間盤則需將公式反轉過來），形成緊密的四分相，指示出卡羅的右腿被小兒麻痺症所困擾。

　　她的月宿為刀刃月宿，昴宿星團是它的主管恆星。這個月宿的主題是分離、割斷及戰鬥，關鍵字為不忠、社會運動與抗爭。從她動盪的愛情生活，以及在政治上對共產主義的支持清楚地看到這一點。

阿道夫・希特勒（*Adolf Hitler*）——*粉碎的螃蟹*

　　占星學無法 100% 指出一個人在道德上是好是壞，但也可以從星盤中找到一些提示，指出當事人有更大的機會道德淪陷。舉例而言，多個行星入弱或入陷、帶來困難的恆星在四尖軸或發光體上，以及第九宮狀態不良。假如沒有這類情況，大部分的行星都是有力的，也沒有激發不良的恆星，那此人做出不道德行為的機會較小。究竟一個人

是否會背棄光明、投靠黑暗，乃屬靈魂之謎，但至少可以通過恆星來
闡明這一點。

　　在希特勒的星盤中，水星立即成為焦點：它是第九宮主星，落在
下降點，因此能強烈彰顯於生命中。在定位星火星的掌控下，依據開
創的牡羊座迅疾如火的特點，此人經常談論他的遠見、哲學以及政治
觀點，這也表現出，聆聽他說話並非樂事。火星入陷在金牛座，帶出
更惡劣的一面，但狀態良好的金星在旁，令他有一定的魅力來留住群
眾。仙女座星雲奎宿增廿一位於下降點，將水星，即第九宮主星聯結
到具有破壞力的海怪來吞噬靈魂，製造混亂。仙女座的大部分恆星都
是正面的，並與藝術相關，但奎宿增廿一是公主面前的星雲，意指盲
目，所以事情將會往錯誤方向發展。奎宿增廿一具有火星及月亮般的

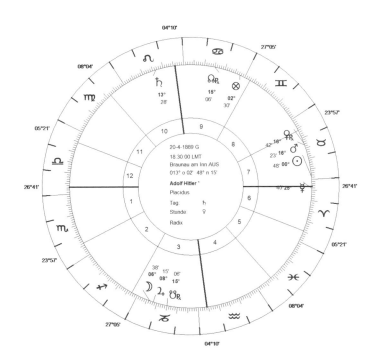

特質。

溫柔的靈魂原可邁向天球的更高層次，逃離物質的束縛，卻被海怪吞噬，這令海怪帶來的混亂佔據上風。這個神話主題在這張星盤中很重要，因四顆星都落在第七宮，全都指向他人。水星本身很接近天文學上的雙魚座宿命之星右更二——堤豐之首，堤豐是令神靈畏懼的黑暗敵手，為熄滅奧林匹克之光而頑強奮戰。這頭原始怪物全身由蛇組成，據說叫聲駭人。顯然奎宿增廿一及右更二同時上演，奎宿增廿一接近下降點，右更二則接近水星。

在第七宮內，第十宮主星太陽落在婁宿二（Mesarthim）上，雖然很輕易就可以找到它的意義，卻是顆未被古典文獻提及的恆星。這是牡羊座月宿的首顆恆星，亦被稱作「肥羊」，所以不是真的難以描述。這是一種新鮮的、初生的、如公羊般雄心勃勃的能量，不會被任何人或事阻止。在第七宮比較靠上的位置，金星與火星合相引人注目。入陷的火星是惹人討厭的，金星落在自己的星座上是正面的。兩個因素相互矛盾，但明顯最終結果並不太好，因第十宮的入陷土星與這對合相行星形成映點。代表他人的第七宮內有顯著的能量聚集：入陷土星與會合金星的入陷火星形成映點，外來的太陽在「肥羊」上，主管第九宮並顯著的水星在下降點，落在奎宿增廿一及堤豐之首。

星盤上唯一正面的是落在金牛座入廟的金星，亦是生命主（Lord of the Geniture），表現了希特勒想成為一名畫家的抱負並未得志。事實上，金星明顯無法輕易地以正面方式運用，因它與兩顆入陷凶星均形成緊密的相位——與火星合相，與土星形成映點。因此，憤怒、仇恨和缺乏自制力，將破壞他的美感及和諧感。鬼宿星團亦位於天頂，古老的記載中這與「積屍氣」有關。世上還有更凶殘的星盤嗎？

鬼宿星團象徵螃蟹被海克力士粉碎後剩下的殘骸，這剛好是德國戰後的景象。希特勒的義大利犯罪同黨——貝尼托·墨索里尼（Benito Mussolini）元帥的太陽亦落在鬼宿星團上，該星團賦予當事人一定的才幹，造成大規模的衝突和流血事件，當然也有小規模的，視乎星盤的能量而定。

這些配置令人覺得惡魔就在眼前，除此之外，木星及月亮位於星盤較低位置，分別入弱及入陷，並落在弓箭手的人馬座球形星團處。人馬座球形星團是弓箭手面前的雲狀星團，具有不可靠及粗暴的半人馬族所帶來的驅動力，當中結合了盲目的意味。這帶有太陽和火星般的特質，所以並不是太好。星盤上有四顆行星處於不良狀態，兩顆為中等，只有金星具有一定的品質，但金星也嚴重受剋，難以拯救這張星盤。分析星盤時會慢慢建立出一種模型，指示出某個方向。而在這張星盤上，我們會看到越來越多徵象，指向極端的凶象，堆積出虛弱、黑暗、侵略和仇恨。

為了看清全貌，可再觀察上升點上的梗河一（Izar）。這顆在熊的看守者腰帶上的細小恆星，經常被描繪成大量兵器，包括長矛及鐮刀。牧夫座的主題是缺乏靈性導引的單純行動，這是熊／野豬爭鬥的象徵，對歐洲歷史來說非常重要。這個天文星座也跟狩獵和十字軍緊密相關，它並不熱愛和平。納粹對戰士的崇拜很符合這種士兵形象，他們不再意識到更高層次的權威。神話中熊擺脫了野豬而成功逃脫（有趣的是，柏林是熊之城）。對一切的激烈褻瀆，在神話中亦顯然易見：牧夫進入了聖殿，祭司們差點要殺死他，因那裡並非他應該出現的地方。

此星盤與出生前的月相及蝕相的關連，使當事人墜入難以置信的

深淵。他的星盤與德國的星盤及該歷史時期的星盤有強烈關聯，更驚人的是跟慕尼黑星盤的關聯，而這個城市支持了他的崛起。本命盤與相關的世運盤結合，決定了一個人此時可達成什麼，也顯示了人類僅憑個人意志和努力的所能達到的結果的局限性。很多時候，月宿會為成就加冕，此星盤的月宿為射手之弓月宿，與偏激的視野及教導有關，令人幻想自己立於不敗之地，無情地消除一切障礙。弓箭手凱龍是一位老師，納粹主義引入了所有半神秘學理論（譯註：希望以神秘的學識達成目的）。而且此月宿的主星落在其弓箭上，所以會有一種激進的態度。它會致力實現它所相信的事情：意志的勝利。

比爾・蓋茨（*Bill Gates*）—— 小犬座

在微軟富商比爾・蓋茨的星盤上，一顆落在上升點上的恆星足以講述他的一生。這顆強大的南河三是小犬座的主星。南河三在恆星亮度列表中排行第七（譯註：似有不同的排名方式，但此處原文如此），因此在星盤上是非常重要的一點。星等數值越小，恆星的亮度越高，其彰顯於世上的能量便越強大。如分析慣例般，在尖軸上的恆星能夠更準確地道出生命主題，因此這既是檢驗恆星效力的可靠方法，亦是用作生時校正的有用技巧。

無論是大犬還是小犬，都以其凶悍的戰鬥精神、頑強的撕咬能力和堅持而著稱。以天狼星為主星的大犬座，就像野獸般經常公開恐嚇和猛烈衝撞，而小犬則是較機巧靈活的小野獸。兩者的差別亦表現在

行星特質上。天狼星是具擴張性的木星及火星般的特質。南河三則是火星及水星般的特質。小犬是聰明的小動物，具有足夠的機智來擊敗較巨大的對手，你可以視其為蓋茨生命的主題。作為一隻年輕的小狗，他超越了多間大型的電腦製造商。

　　大犬及小犬在神話中是靈魂的守護者，表現出牠們擁有強大的戰鬥力，卻無法成為優秀的領袖——牠們太激進了。必須有其他事物，如一個人或一個理想來引導犬隻的能量，否則牠們會過於猛烈，經常投入戰鬥。這對蓋茨來說顯然是個問題，因月亮作為命主星（代表蓋茨本人）落在飛馬座的壁宿一上。飛馬座的核心神話，就是柏勒洛豐在未受邀約或許可的情況下，騎著飛馬前往奧林匹斯山。對於蓋茨而言，這個巨大危險在於他會變得過分伸張自我意志，並會因過分推進

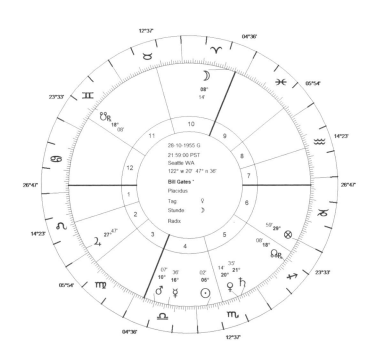

而帶來可怕後果。

　　微軟曾參與多項司法程序，因它濫用了其壟斷地位，必須與多位競爭對手達成和解。這些和解耗費了微軟大量資金，更令它與歐盟之間惹上麻煩。當然，微軟並不完全代表蓋茨本人，但他是該策略的主要設計師，反映出南河三及壁宿一的主題。月亮在第十宮成為廣泛群眾的自然象徵，這個較小的發光體是成功及明智營銷的重要指標。蓋茨知道大眾的需求，但他會遇上大量壓力及鬥爭，因月亮與狀態不良的火星，即第十宮主星形成對分相。

　　第二宮的主星太陽並無直接顯示出蓋茨會成為世上居於榜首的富豪之一。它落在第四宮天蠍座，不論是必然尊貴度或偶然尊貴度都不高。你可能會期望有更多的財務因素，但如果我們作進一步研究，並考慮固定星座，這將會更為清晰。財富的自然徵象星木星，在這裡具有良好的必然尊貴——三分性，並落在代表金錢的第二宮，亦落在最尊貴的皇家恆星軒轅十四上。但這並未足以說明一切，第二宮主星太陽通過映點會合太陽點（上升＋太陽－月亮），也稱為豐盛點（Part of Abundance）。

　　像軒轅十四般最強大的皇家恆星，具有 3° 到 4° 的容許度，這意味著在軒轅十四附近較弱的恆星將被掩蓋。因此，木星不在獅子座 26.40° 的星宿一上，不在獅子座 26.57° 的軒轅十一上，也不在獅子座 27.17° 的軒轅十二上，而是在「大老闆」軒轅十四上。有時你在分析上需要「處女座」一般的精確度，但若涉及軒轅十四，那最好把你的處女座行星們「留在家」。技術上的精確度有其價值，但肯定不能解決所有問題，因為過多的技術細節反而會妨礙對整體的了解。如果純粹因角度上最接近，而說木星合相於軒轅十二，那麼你就無法解

釋蓋茨的大量財富。只有在實踐中測試技術和法則，並在必要時應用
或甚至反對它們，才能發展出良好的古典占星學。

　　這個強大而慷慨的木星也表現在蓋茨的慈善活動上。從微軟退
休後，他利用自己的財富支持發展中國家的教育項目。在蓋茨的星
盤上，木星恰好是代表高等教育的第九宮主星，亦是代表不幸的第
六宮主星，而處於良好狀態的大吉星總會渴望克服困境。木星位於
軒轅十四，乃是這張星盤的關鍵配置，更與出生前的月相及蝕相形
成強烈的相位聯結，以正面的方式嵌入蓋茨的星盤及生命裡。沒有
這種配置，我們就不會聽聞此人。正因宇宙能量彰顯於蓋茨身上，
令他取得了成功。

　　蓋茨的星盤清楚地顯示出他的商業成就，而特殊點也強調了這一
點。職業點（天頂＋月亮－太陽），即靈魂在世界上想擔任的工作，
落在第三宮的宮始點，由水星定位。蓋茨希望做一些涉及資訊及交流
的實際應用。他的名望點（夜間盤：上升＋太陽－木星，日間盤則相
反）剛好落在第四宮的宮始點，代表令他成名的是：家庭電腦。最
後，月宿為翅膀月宿，一部分由飛馬座的恆星主管，另有一部分由仙
女座的恆星主管。一方面跟自我意志有強烈關聯，同時亦聯繫到慈善
及心靈，反映在他的商業及後期的慈善活動上。

克林・伊斯威特（Clint Eastwood）——正義的鉗爪——

　　克林・伊斯威特的職業生涯始於當西部牛仔片演員，主要扮演非常酷的角色。他總是為了正義或多或少去使用暴力——這是他在《緊急追捕令》電影中塑造的警長哈里・卡拉漢（Harry Callahan）的形象。卡拉漢不太遵從警察的行為準則，有自己的一套處事方式，而這些方法粗疏直接，在許多情況下更屬完全非法。但是卡拉漢永不淪為壞蛋，總是為正義而戰。他只做應做的事情，他為犯罪案的受害者報仇，懲罰兇手。伊斯威特不僅是成功和受歡迎的演員，也是一名電影導演，同時是在某段時期活躍於加洲的獨立政客。數顆顯著的皇家恆星清晰地顯示出他的成就，若欠缺如此強大的恆星，無論多麼才華橫

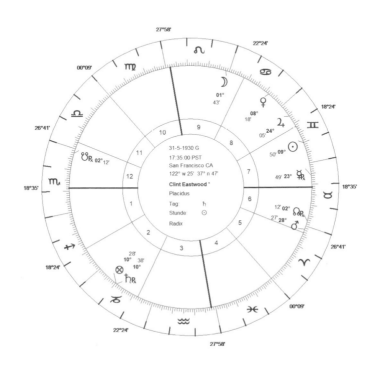

溢，也不易成名。除了顯著的皇家恆星或第一等的精英恆星，還需要
與出生前的星盤有明確的聯結對應，才能聲名大噪，而伊斯威特則兩
者兼具。

　　分析星盤時，最佳以及最有效益的方法是查看星盤中顯著的徵
象，並作出描述，而無需參考任何關於當事人的資訊。否則，你會很
容易著手尋覓某些已知的特徵。就像事情發生後才作預測一樣，這必
然是成功的，因為你已經知道發生了什麼事情。透過占星學，我們應
該能夠在不知情的情況下預測到生命會如何，這並非指具體細節，而
是整體輪廓。只有作出第一步分析之後，才可以使用其他來源的信
息，對整體畫面進行著色。要作出良好的占星分析，此等信息確實尤
為重要，但它僅作為起步工作後，用來填滿分析的附加香料。

　　在伊斯威特的星盤上，最突出的是水星，主管死亡之宮第八宮，
在下降點（代表他人）逆行。它位於大陵五上，一顆展開死亡與破壞
的終極凶星。在對他的人生一無所知的情況下，這表明一個重要的主
題即將顯現。對於殘酷無情的黑手黨頭目來說，這也可能是個良好位
置。在這一點上，可將占星分析融入到與他相關的生活信息，便會發
現這顆水星亦描繪著警長哈利的處事方法。還好伊斯威特是在大銀幕
上表現了這種能量，而並非現實之中。因其星盤顯示出巨大成就，在
天頂位置，即影響事業的主要因素，這裡出現了皇家恆星軒轅十四，
帶有火星及木星般特質的「獅子之心」。不止如此，另一個代表顯赫
成就及財富的皇家恆星——具火星特質、鮮紅的畢宿五與主管第十宮
的太陽合相。畢宿五是天空中難得擁有純火星特質的恆星，而對於一
個經常飾演暴力角色的演員來說，就最適合不過了。再加上主管第
八宮並位於始宮的水星也在大陵五上，這兩顆皇家恆星為這張星盤
帶來濃烈的暴力色彩，簡直就是充滿「暴戾之氣」。很幸運的是火

星本身具有尊貴力量，且為生命主，位於第六宮的宮始點，所以他的雄才可用來糾正第六宮的不幸，即那些他人或生活所造成的困苦。伊斯威特的才華可從火星與天頂的緊密三分相可見，這補償了它落在第六宮的偶然無力，而事實上火星正位於合適的宮位，即它的喜樂宮。這顆行星也主管代表創意的第五宮，落在仙女座的奎宿九，一顆罕有地具有純金星特質的恆星。這代表對優美圖案及形態的藝術感，但金星本身力量不足，伊斯威特並非一名畫家，他透過動作電影來表現其美學品味。火星在第六宮，是令它更有力量的喜樂宮，這一點很容易便能解釋清楚。面對第六宮的不幸，必須要採取一些大膽的行動才能來糾正劣況——這可能是手術刀，也可能是哈里警長特大號的 .44 麥格農。火星在第六宮就是在對的宮位裡，為它喜樂的位置。

　　《緊急追捕令》中的連環殺手自稱天蠍座，這真的純屬偶然嗎？未必，因這剛好是伊斯威特的上升星座，而更重要的是，氐宿四（North Scale）也在上升度數，發揮了衡量靈魂、正義和恢復平衡的神話主題。同在天蠍座，距離 4° 的是氐宿一，屬於天文學上的天秤座，兩顆恆星亦被稱為天蠍的鉗爪，展現了正義在糾正行為的過程中經常表現出的嚴酷。天蠍是兇猛的野獸，用劇毒無情地殺死了俄里翁，因這位獵人一直在吹噓自己能捕獲所有動物，擊敗任何對手。獵戶座忘記了眾神才是至高無上的，因而被消滅。伊斯威特演的哈里警長正是這種復仇天使。南北方的鉗爪或秤都與此主題相關，儘管氐宿一顯然是這對恆星中凶性最強的，但伊斯威特的星盤實在過於凶險，以至氐宿四也以極凶的方式彰顯。

這個神話形象是他成功的主要秘訣之一，而這就是哈里警長發現並殺死兇手時所獲得的滿足感。終極的正義得以完成，這正是天秤的本質。正如《聖經》及其他神聖書籍所記載，沒有人能逃過審判之日。如果我們看到卡拉漢用他的 .44 麥格農開火並消滅敗類時，靈魂也會產生相同共鳴。所有神話都顯示了某個神聖的面向。當然，伊斯威特只是在大屏幕上表達這種主題，而並非在現實之中，但有時兩者之間不一定有明顯區別。故事中的神祕主題通常比在生活中表現得更為純粹，並會表達多個層面，故事反映現實，反之亦然。甚至有占星論證指出，如果我們使用電影中提到的虛構時間來為該電影製作星盤，該星盤通常能詳細描述電影中的故事——因此，故事並非完全虛構，它在不同層次上是真實的。

伊斯威特的月亮落在奴僕月宿，由兩顆驢子星所主管，神明與泰坦戰鬥時騎乘的就是這兩頭驢子。驢子是一種被制伏的混亂力量，呼應僕人的主題。傳統關鍵字為安全及穩定，創造出讓人休息、獲得滋養之地。這無疑適用於伊斯威特，反映出泰坦之戰的整個主題。眾神利用暗黑驢子的威力攻擊敵人。像伊斯威特這種好戰的星盤，明顯不會使他成為成功的酒店經理，若要當這類人物，他的星盤上需要有更強的月亮能量／水元素。

瑪格麗特・柴契爾（*Margaret thatcher*）—— *阿提拉* ——

在瑪格麗特・柴契爾的星盤中有三顆行星入弱及入陷，三顆是外

來的，只有一顆擁有些許必然尊貴——界。事實證明成功人士並不需要大量必然尊貴力量，要考量的除了強大的恆星之外，還有偶然尊貴，尤其是在始宮的行星，代表彰顯於世俗的力量。如果你以為必然尊貴能為人帶來高位，這並非一種透徹的理解。大量必然尊貴只是減少凶星帶來的影響或不道德的行為，但事實上亦不能完全保證。舉例說，很多納綷的領導，他們的行星亦有良好的必然尊貴。必然尊貴所顯示的是應對某種活動的能力有多自如，因你真的對其有充分理解。如果你的行星擁有很強的必然尊貴，你會知道它是如何運作的，儘管這不一定是對世界產生影響的條件——正如這張星盤所證明的那樣。

在鐵娘子的本命盤上，她的稱號顯而易見——生命中佔據重要位置的行星是位於上升點的外來的土星。外來的狀態代表缺乏正確方

向，儘管它並不會純粹以凶性的方式運作，但行星會傾向表現出較不討好的一面，特別像這個例子中，該行星在本質上是凶星。土星代表艱苦、無情、頑固、冷酷，以及缺乏情感關注。若跟一顆擁有良好必然尊貴的行星形成強烈的互容或相位，便有機會糾正過來。但在此星盤中，土星跟一顆行星形成強烈互容，反而令事情更糟糕：這是顆入陷於天秤的猛烈火星，這種關聯會令土星更艱辛。火星主管的鐵會令土星的堅固硬化成鋼。兩顆互容行星的連接在某程度上可媲美緊密相位，假如它們要互相提供實際的支持，本身便需要有良好的必然尊貴，否則它們無法支持彼此，甚至可能互相傷害。

這個案例正是如此。火星的鐵將土星硬化成鋼筋混凝土，而參與其中的恆星並沒有使事情變得更輕鬆。上升點除了有土星外，它同時落在極強大的氐宿一——天蠍南方的螯，最凶險的鉗爪。它與無情的糾正措施有關，被稱為「不對等的代價」，會一路推動事情，甚至超越事物本身。秤的主題與克林・伊斯威特的星盤相同，卻是另一種風格。無論我們在星盤上如何尋覓，都無法找到可以平衡這種嚴苛的具有必然尊貴的行星。我們真的可從星盤上看到「阿提拉」：她不會受到阻止，她的「鉗爪」會牢牢抓住你，緊緊擠壓直至你哀求憐憫，甚至哀求也不會讓她立即放過你。

與堅硬的土星形成強烈互容的火星，是第一宮的主星。這顆凶星為入陷的不良狀態，並落在太微左垣四，一顆位於天文學上的室女座，最不愉悅的恆星。這代表巫師的學徒，會令人高估自我的能力，幻想自己能夠做一些自身沒有認知的事情。此恆星傾向釋放出不受控的力量，因而嚴重損害周遭的一切，儘管當事人並不察覺，因為太微左垣四也會使人盲目。無論外界如何反應，她都不會相信自己的行為帶來危害。太微左垣四會表現出負面影響，因與它會合的火星處於入

陷狀態。

　　兩顆狀態不良的凶星配搭如此艱難的恆星，這個組合令人膽顫心驚。此外，月亮作為次要發光體，同時是民眾的自然徵象星，剛好落在超級皇家恆星軒轅十四，毋庸置疑為她帶來了榮耀的寶座。文字記載常指軒轅十四帶來榮耀的寶座後又會奪走它，但在現實絕非必然，這取決於恆星的精確位置，星盤的其他能量以及當事人的選擇。總之，獅子之心應與獅子座迫不及待的野心保持距離。假如你不那麼迷戀權力及成就，便不太可能從寶座上掉下來。因為你能夠察看周圍發生的事情，以及這一切對你的影響。

　　儘管月亮位於較衰弱的果宮，但它跟水星透過六分相直接連接。水星為事業宮——第十宮的主星，落在第十二宮令能量被削弱。這個虛弱的第十宮主星通過獅子之心上的強大月亮突圍而出。緊密相位或強烈互容可釋放位於較弱宮位的行星，只要這顆幫助釋放的行星有足夠力量，而在此例子中則為軒轅十四——月亮。猶如這顆行星將自己的手臂放在脆弱兄弟的肩膀上，帶他一起去冒險。令人驚訝的是，第十二宮的水星是整個星盤中唯一具有一些必然尊貴的行星，鐵娘子的行為並非建立在對事物的深刻理解上，而是靠消滅對手的堅定決心。

　　第十宮的主星水星亦落在強大的一等恆星上——大角星以及皇家恆星角宿一，分別位於天秤座 23.11° 及 22.48°。分析時需要二者擇其一，看哪顆恆星最能透過水星，即第十宮主星，明顯地發揮力量。角宿一的性質為金星及火星，大角星的性質為火星及木星，因此並沒有哪一個較適合水星。角宿一較為接近黃道，但位於天秤座 23.47° 的水星在黃緯上更接近大角星，因此大角星對第十宮主星有較大影響。大角星是熊的看守者，與改革運動、大膽的行動和果斷息息相

關。看守者可以選擇性地釋放熊的力量。鐵娘子的月宿為獅子之心，密切關連到對權力、權威和野心的渴望。

戴安娜，威爾斯公主（*Diana, Princess of Wales*）—— 出類拔萃的角宿一

在戴安娜的星盤上，落在天頂的皇家恆星角宿一奪目耀眼。這顆皇家恆星對她的公共生活帶來重大影響。角宿一作為室女座的麥穗的

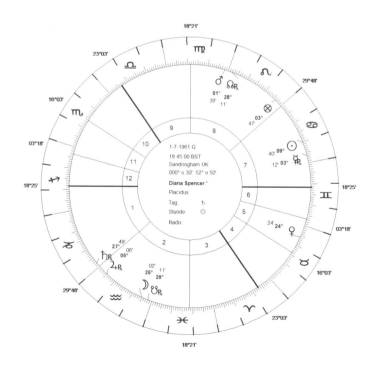

主要恆星，與雄心勃勃、追求寶座的軒轅十四完全不同，但它的保護作用仍可帶你提升至意料之外的高位。角宿一貼切地描述了這位獲選為未來英國王妃的女子發生何事。我們都知道結局如何，儘管角宿一處於顯著位置能帶來保護，但這並不意味著一切都會變好。這門天空的人文科學，乃是基於分析和平衡星盤上各種相反的指標，而並非簡單地歸結為單一因素或技術。

但明顯角宿一為戴安娜帶來天使般的形象。作為麥穗，角宿一是這個星座的集中收穫點，代表室女座淨化過程的重點。在這裡，穀殼與小麥被分開，僅保留純淨的精華。在希臘和基督教神話中，室女座的故事所描述的是人類選擇神靈的一邊。它代表的是聖母瑪利亞，或拒絕在奧林匹克之光的戰鬥中支持地面巨人，而選擇走向神靈的泰坦之女阿斯忒里亞。一個默默選擇內心純淨的人，在人心中會被視作保護弱小的王妃，這與王室其他成員的僵硬刻板形成了鮮明的對比。

但隨後又出現了另一種暗沉色調。事業宮，即第十宮的主星——金星落在極凶的大陵五上，代表死亡與災難。美杜莎將對事業造成影響。一方面擁有聖母瑪利亞般的形象，另一方面卻充滿原始慾望。戈爾貢蛇髮女妖冷酷無情的力量，透過天頂主星金星表現出來，這也令她擁有無可抗拒的吸引力。金星在自己的星座金牛座，處於良好狀態，因此第十宮主星及第五宮主星擔任美杜莎的角色——不僅是頭怪物，更是誘人的美女。這是我們在這裡看到的，即慾望本質所產生的強烈魅力。戴安娜很享受別人讚賞的目光。與金星形成映點的幸運點，落在代表他人之物的第八宮。她心底的願望是取悅及引誘他人，令別人欣賞她。

月宿為海豚月宿。這個月宿的關鍵主題是累積財富，同時也關乎

勇氣、慈善及音樂。神話故事中，詩人阿里翁乘船回家時受到船員脅迫，企圖搶奪他的錢財。他被允許唱歌作為最後的恩惠，卻意外跳入大海，最後被海豚所救。而海豚象徵著通過另一個世界的大門。勇氣、財富和慈善等多個主題均反映了戴安娜的生活，也似乎表現出她「跳水」的最終命運。阿里翁寧願在船員偷錢前就離船，這並非有意識的抉擇，而是命運的安排。

她跟皇儲的婚姻由太陽所表現，太陽是王者的自然徵象星，會合並焦傷代表關係的第七宮主星。太陽的映點剛好在下降點，強調了尊貴的太陽與婚姻之間的關連，但這也跟上升——戴安娜本人形成對分相。水星作為第七宮主星，為關係的主要徵象星，因太陽焦傷及逆行而減弱，並與位於處女座、外來的不良火星形成六分相——顯示出跟太陽型人物的不穩定婚姻。婚姻點與太陽對分，再一次引發與太陽型男性的麻煩。婚姻點的公式為：上升點＋第七宮的宮始點－金星。特殊點會通過與行星形成的緊密相位，清晰明顯地產生作用，而這些相位將觸發特殊點。若沒有相位，特殊點會維持靜止，只有行星的力量才可將特殊點帶到世俗並進入生命。

總而言之，讓她與「太陽」聯結並非好主意。土星型的男性會是個較為理想的選擇，所以應拒絕走近貴族！土星是戴安娜的生命主，即星盤中最強的行星，亦是生命之錨。但正如星盤所示，太陽型的男人會來到她身邊。當她與「太陽」發生非常糟糕的經歷之後，才會有機會產生覺知，選擇更好的「土星」。第七宮主星及第七宮顯示出我們會「自動」遇上的伴侶類型，以及關係中的主題。在許多情況下，婚姻的最佳選擇並非由第七宮所示，而應該考慮生命主——星盤中的穩定能量。

在戴安娜的上升點——最代表她本人的一點，可找到天市左垣十一，為蛇夫座中的一顆恆星。蛇是一種深刻而具有象徵意義的動物，被視為純粹的二元生命和慾望本身，而牠明顯也有極致的黑暗面。蛇誘使亞當與夏娃咬下蘋果，使他們失去了原始的神聖統一，遭受苦難。這種蛇的力量透過蛇夫座直接與戴安娜的生命相連。候是蛇夫的頭部，而天市左垣九、天市右垣九和天市右垣十（Yed Posterior）是觸碰野獸的雙手，是充滿壓力的最危險之處。集中點天市右垣七為主要恆星，代表巨蛇之心，與中毒、事故、暴力及不道德行為相關。因此，巨蛇及蛇夫中的每顆恆星都與二元生命的能量有關，後者可能會轉化成純粹的慾望，使人誤入歧途，引致可怕後果。因此天市右垣十及天市左垣九的關鍵字都是令人敬畏的，兩者代表的是與蛇直接接觸的手。蛇夫左膝上的天市左垣十一落在戴安娜的上升點也沒有助益：成功實現惡行、揮霍、浪費精力及道德敗壞。曖昧且難以控制的巨蛇力量確實在戴安娜的生命中發揮作用——她不僅僅是甜美的紅心皇后。蛇的力量或許是可以協調的，通過從事醫學的方式與其負面的能量達成調和，或者通過脫皮、蛻變，以某方式在某程度上重新創造自己，便不會陷入有害的舊模式或困於「表皮」內。另一個有用的形象是弄蛇者如何巧妙優雅地引導蛇的能量。弄蛇者之所以存在，就是為了向世人展示如何做到這一點。注意那象徵死亡的第八宮主星，在星盤上落在南交點——象徵隧道的入口。

瑪麗・居里（Marie curie）—— 九頭蛇的毒箭 ——

在瑪麗・居里的星盤當中，聚集於第十宮內的三顆行星明顯成為星盤上的焦點。土星、金星及火星在 4° 範圍內合相，如果有一顆恆星與其神話故事相近，便將在生命中扮演重要角色。沒錯，三顆行星一起落在南門二，為半人馬座的一等恆星，剛好處於不太有利的左腿上。半人馬常被描述成危險、狂野的半人獸種族，但當中有兩個是文明的，或多或少能控制著半獸的一面，他們就是凱龍及福洛斯。在天球上可以找到的凱龍形象作為天文學上的人馬座，而半人馬座的形象則是福洛斯，其神話與凱龍的故事相似。福洛斯意外中箭而死，該箭由他的朋友海克力士射出，沾上了九頭蛇的毒血，用於殺死一群攻擊

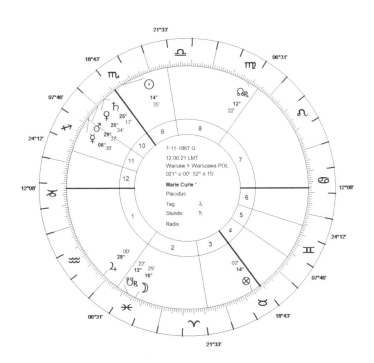

他們的半人馬。

福洛斯拾起了毒箭，因他好奇如此細小的東西怎麼能輕易致死。他弄傷了自己而喪命，死於用來殺害敵人的劇毒——典型「好奇心害死貓」的例子。這幾乎就是居里夫人的故事。她兩度榮獲諾貝爾獎，更是研究放射線的先驅，但這也是她死亡的原因。因過於靠近放射線，結果患上致命的白血病。放射線使她著迷，她好奇隱形的東西怎麼會如此致命。這正是福洛斯的故事：象徵著她拾起放射線之箭而死。

放射性衰變是物質從過高密度和過重狀態恢復到正常穩定狀態的一個過程，輻射為其副作用。物質本身轉化成能量，這就是核能發電的基本原理。因此這過程由土星所象徵，參與其中的是土星的物質形態，強調了放射性衰變的最終穩定狀態就是鉛這一事實。而鉛是屬於土星的金屬，就像將過度活躍的危險情況恢復秩序，從混亂回到架構，這是鈾及其他放射性物質的特徵。

因放射線具有致命的危險，由大凶星土星所象徵再合適不過。基於放射線的特質，便能清楚知道為何會將它用於治療癌症之類的混亂生長過程。在居里夫人的星盤中，土星顯然會合了代表高等教育的第九宮主星金星，並會合了強大的定位星火星——主管第十宮的事業。火星是化學過程及能量的自然徵象星，落在流動的水象星座天蠍座。旁邊的水星，代表研究及科學的行星，落在帶有火星特質的皇家恆星心宿二——代表死亡及終止循環的恆星。對於她研究的性質以及她的命運，這實在最切合不過了。

但居里夫人榮獲了兩次諾貝爾獎，乃是一項非凡的成就，因此星

盤上應有更多恆星力量。的確，太陽三分另一發光體月亮，落在天頂
上，在一般的 5° 容許度內，同時亦落在皇家恆星氐宿一上，佔據了
代表光榮事業的強大位置。兩個鉗爪的象徵在星盤上很活躍，非皇家
恆星的氐宿四亦剛好在天頂。這強調了恩典和正義的主題，以及在任
何層面上用來恢復平衡的糾正行動。氐宿一，即南方的秤的奇怪之
處，是它的亮度會隨年月逐漸減弱。但儘管如此，它卻依然屬於皇家
恆星，比氐宿四更強大。這再次證明，事物的本質並不一定與所見的
相符。

所以在居里夫人的星盤中，兩顆皇家恆星落在重要位置，且有三
顆行星落在一等恆星上。為了讓這幅偉大的圖畫更完整，一等精英恆
星織女一，天琴座中降落的禿鷲也落在上升點。它不僅與藝術息息相
關，也跟教學有關，其本質是傳播知識，教導人們如何在塵世間獲得
「天上」的知識。禿鷲在傳統上被視為純潔的象徵，因牠以屍體為
食，脖子卻沒沾上任何腐肉。居里夫人常以樸素謙虛的真摯而受到讚
譽，無疑與她冷且乾的黑膽汁質（ melancholic temperament ）有
關（譯註：體液質的說法起源於古希臘的醫學理論，認為人體是由四
種體液構成——血液、黏液、黃膽汁和黑膽汁，這四種體液對應到四
種元素、四種氣質，四種體液在人體內失去平衡就會造成疾病）。與
黑膽汁質相關的準確性和徹底性對一個科學家來說頗有助益。

五顆行星聚集在星盤的上半部，且靠近天頂，確實引人注目，但
她的靈魂卻位於別處。展示靈魂慾望的幸運點靠近天底，與落在天頂
為其帶來成就的皇家恆星和太陽對分，但她似乎不太重視這些世界級
獎項。代表自我毀滅的第十二宮，其主星木星亦很突出。它與第十宮
內三顆合相的行星形成四分相，表現出她對自己造成的傷害。奪命星
（the killing planet）是第八宮主水星，雖然土星象徵放射性的過

程，但輻射卻特別由水星所代表，因其隱形的輻射能滲透各處，更使
隱藏的東西顯現出來。入陷的水星在皇家恆星心宿二上，它同時也是
疾病的主星。這種死亡的方式無疑促成了她的不朽。

西爾維奧・貝盧斯科尼（Silvio Berlusconi）——魔法師的學徒

媒體大亨及政治家西爾維奧・貝盧斯科尼統治了義大利政界多

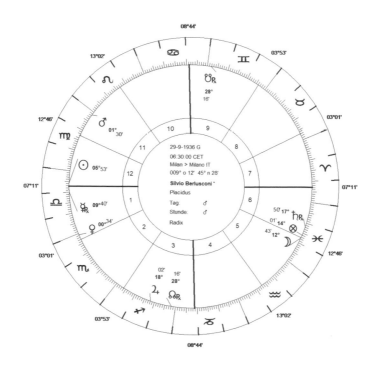

年，我們在其星盤上第一時間關注到的是上升點與太陽及水星合相。太陽落在星盤中最個人化的位置上，對成就而言，這並非差勁的起點，但太陽入弱，因此他並不知道如何成為一個好的領袖。這並非一位明智的國王，知道如何站在架構的中心，平衡王國中的對立力量。入弱的太陽會彰顯太陽能量中最差的一面。比這種公眾的太陽能量更令人好奇的是旁邊的水星，這顆代表魔術師的行星因被焦傷而成功地隱藏起來。然而，水星對此星盤帶來重大影響，因它落在上升點，直接關聯貝盧斯科尼本人。

我們越深入研究這顆水星，這幅圖像便越黑暗。這顆行星沒有必然尊貴，是外來的，往往會偏離軌道，將水星本身的特質以負面的方式展現。同時它正在逆行，表示它沒法融入環境，欲以出其不意的方式運作，總是跟常規路線背道而馳。更重要的是水星同時也主管第十二宮，此宮位代表秘密與幕後操作，本質上也跟打破常規及違反規範有關。貝盧斯科尼能在不被看見的情況下做很多事情。在這裡，水星的影響力極大，因受到強大太陽的保護。而他是國王，可以為所欲為。

這顆「騙子」行星為第十二宮主星，同時處於焦傷、逆行及外來的情況當中，但這似乎尚未足夠，它還落在太微左垣四上。此恆星屬於天文學上的室女座，這個星座通常被認為對生活帶來正面影響，但太微左垣四卻是極為負面的特例。像所有室女座的恆星一樣，太微左垣四也跟收割有關，但此恆星卻代表因過早收割而換來可怕後果。這顆星與安珀羅斯收集葡萄時跌下並折斷脖子的故事有關。安珀羅斯是薩堤爾（Satyr）和寧芙（Nymph）的兒子，是兩位好色之徒結合的產物。太微左垣四還是巫師的學徒，與盜竊和傲慢相關，且過分高估自己的能力。這代表一個人釋放出自己無法控制的力量，因而損害了

他身處的環境。

水星的位置實際上描述了貝盧斯科尼大部分的日常生活以及他的心理層面。不止如此，在第六宮的宮始點上，月亮與幸運點合相於一等精英恆星水委一。此星代表埃里達努斯河的河口，並與宗教、靈性和行善等正面事物相關。這是少數擁有純木星特質的恆星之一，而木星在此亦處於良好狀態，又與月亮及幸運點合相。聽起來這種配置能積極補償上升點的不良水星，但事實並非如此。這清楚地說明了神話的各個方面都是重要的，故事的各部分及片段均在生活中彰顯出來，不能僅用正負兩面來區分這些片段。

這條河流的神話也是法厄同的故事，他雖然受到屢次警告，卻依然駕上太陽戰車，自以為能夠穿越天堂。但他無法控制馬匹，連人帶馬傾覆在大火中，太陽的烈焰因此燒焦了大地。我們看到的是強大的篡奪慾望，篡奪一個你沒有權利或能力得到的領導人位置，這將嚴重地損害王國。在許多情況下，這與政治、意識形態或精神觀念有關，這是水委一的暗黑面向──成就與權力會燒焦土地，因你沒有充分的知識找出正確方向，導致很多人事物因你過分高估自我而受苦。這就是太微左垣四與水委一的組合，使人即使面對眼前的失敗，仍缺乏自我批評的精神。

月亮與幸運點會合於弱勢的第六宮的宮始點，但月亮是第十宮事業宮的主星，且三分天頂，因此即使位於第六宮，也將運作得比我們預期的第六宮更有力。當然，月亮作為普羅大眾的自然徵象星，落在代表奴僕的第六宮，表明貝盧斯科尼受到民眾擁戴。他的幸運點（亦是月亮點）與人民同在，而他透過電視頻道接觸大眾，因他知道人民想要的為何。儘管他捲入名聲不佳的事件中，卻仍然大受歡迎，這是

因為他通過媒體不停向人民灌輸其慷慨的形象。水委一是位於河口並象徵泛濫滿溢的木星般特質的恆星。貝露斯科尼的整個職業生涯都由太微左垣四與水委一這兩顆恆星描述，展示出它們在生命中的力量。

　　他的財富並沒有從第二宮的財帛宮顯示，不論宮位本身或其主星都不算太強。但並非只有第二宮及其主星能代表財富——整個星盤的配置都應納入考慮。一張強大的星盤一般而言都能帶來較多財富，而太陽在上升點肯定能強烈地彰顯在生命中。太陽是第十一宮主星，它象徵著如何獲得獎勵。再者，出生前的蝕相及月相強調了入廟的木星，即財富的自然徵象星。如果不同時查看出生前星盤的世俗表現，便不可能理解一張星盤。木星是這個星盤上最強的行星，即生命主，表現出他的才華。此大吉星與月亮和幸運點形成三分相，亦是政治的自然徵象星，落在代表日常溝通的第三宮，這帶出了他的財富來自何方。

　　木星落於一顆聲譽不佳的恆星上——天市左垣十一，即蛇夫的左膝，據說會帶來扭曲的道德，並在惡行中實踐成功。如果你飼養蛇便要格外當心別被蛇所咬傷。貝盧斯科尼的月亮在斟酒人月宿，除了粗俗的語言外，其關鍵詞也包括隱藏的事物及大量秘密，另外還有神秘的事物。貝盧斯科尼是腐敗的英國共濟會（Freemasons）第二傳教會會員。這個事實說明了斟酒人月宿在生活中較負面的影響，當然也指向他充斥著祕密的生活。

艾倫·里奧（Alan Leo）—— 入陷的傳統

　　光是觀察艾倫·里奧的上升點，就知道此人明顯會對老舊事物產生重大的影響。我們在上升點看見土星，這顆在占星學裡代表老舊事物的行星，落在最強的皇家恆星軒轅十四，即獅子之心。這個配置決定了里奧人生的主要部分，即使我們先停留於此，依然可以看出他的總體成就。顯然此人不會接受古老的事物以傳統的方式支配他的生活。土星入陷於獅子座，獅子座是由太陽所主管的星座，太陽是第一宮主星，即獅子的木身，所以他想要決定古老的東西將如何傳承下去。

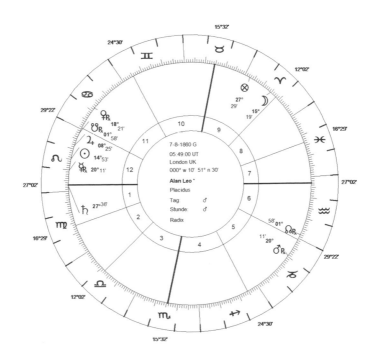

占星學經常向此人致敬，因他是十九世紀末復興占星學的主要棟樑之一，的確，土星落在強大的軒轅十四，令他擁有這樣的權力。再者，這顆影響遍及各處的土星落在火星的界和外觀位置上，同時火星亦在土星入廟的位置。因此，火星及土星之間有中等強度的容納，意味著土星的活動會聯繫到火星在星盤上所象徵的事物。代表占星學的第九宮與代表根源的第四宮由逆行的火星所主管，意味著追溯過去。火星入旺於摩羯座，有強大的尊貴力量。而代表靈魂渴望的幸運點則落在第九宮，由火星定位，他的靈魂渴望高等知識。

對於靈性的事物，他以一顆赤子之心完全投入。但重點是第九宮的主星，即火星，在與土星的互容關係中無權發言，火星無法牢牢地控制住土星。在容納關係中，應衡量定位星的力量，而土星在此處是較強的。火星在此等狀態下，只能以相對微弱的界和外觀來影響土星，而土星卻是火星的定位星。所以，大凶星在最差的狀態下會對火星造成更負面的影響，火星沒有足夠的力量來糾正土星。更明確地說：他對接近上帝有一種熱切的渴望，卻又認為無法以傳統的精神觀念和方式做到這一點。

獅子座跟落在上升點及軒轅十四的土星擁有模糊不清的關係，這必定為他帶來世界級的勝利。但從獅子座本身來看，命主星太陽位於第十二宮，透過負面容納「厭惡或傷害」的土星，而這顆土星，如我們所見正處於不良狀態。很明顯獅子座將在傳統上佔據上風，因為太陽入廟的緣故，他將以個人想法為主導，決定入陷於其勢力範圍的土星會發生何事。里奧是十九世紀末占星學復興的推動者之一，他去除了大部分古典占星學，創造了一種占星學的全新型態。現今，這種新型態的占星學被稱為現代占星學，與古典占星學並存，而後者在二十世紀最後的二十年裡重新掘起。

有趣的是里奧也引入了古典占星學沒有的「太陽星座占星學」。這從星盤上來看，是因為第一宮的主星太陽主宰了土星。太陽，即第一宮主星落入第十二宮，與天頂形成四分相及映點，並無因為落入第十二宮而被大幅削弱。映點代表隱藏及間接的事物，以神智學重塑占星學，這樣的抱負並不是通向偉大事業的直接途徑。透過與天頂的映點及四分相的關聯，太陽能夠影響世界，當然里奧真的做到了這一點，儘管這並不屬於主流。

然而，第十二宮的主題依然清晰可見：太陽不止落在隱秘宮，同時也三分第十二宮的主星月亮。這指出了神智學的超自然及魔法元素，他亦熱衷於星靈的召喚，以及透過水晶球進行的占星研究。眾所周知，海王星之所以被解讀成消融及模糊的能量，是基於里奧在水晶球中看見海王星呈現出一團霧。里奧是神智學協會的熱心成員，而這個協會對超自然事物的取向也並非是個秘密。

第十宮事業宮的主星為金星，因緊密地六分天頂及落在北河二上而受到強化。卡斯托耳（即北河二）是雙子座中的凡人，比起不朽的兄弟波呂丟刻斯（即北河三）更有具體目標，其行星特質為水星——令里奧成為出色而熟練的溝通者、翻譯、出版商及人氣作家。雙子座的恆星總是顯現出高與低之間強烈的雙重性，而里奧的確非常喜愛占星學，但他同時也是首位將其商業化的人，複製出標準的星盤解讀與描述。他的範例至今仍受到追捧，而現今也有很多用來製作星盤及作出預測的電腦程式。

里奧的月宿也展示出他對占星學的真摯喜愛。月亮落在最後一個月宿——雙魚月宿。按照傳統，這聯繫到人們以某種方式研究時間，作為最後一個月宿，它代表時間的終結，同時亦是一扇開啟下個世界

的大門。

法國路易十六（*Louis Sixteenth of France*）── *被殺戮的獅子*

　　作為法國國王的宮廷占星師，若看到這位即將繼任王位的新生王子擁有這張星盤，一定會皺起眉頭。隨著時間推移，這位國王無法確保自己的王位，甚至他的生命。路易十六的星盤確實惹人不安，第十

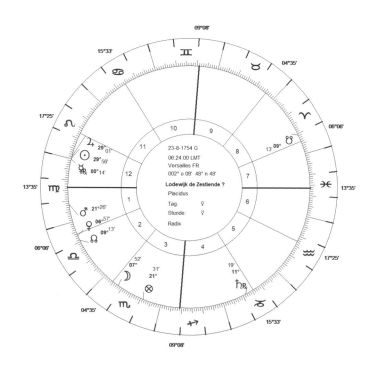

二宮主星太陽會合木星，而木星主管第四宮的傳統、朝代及家庭，落在軒轅十四上，引起我們的注意。這是個強大的合相，卻被第十二宮這個配置大幅削弱，因此宮代表的是悲傷、孤獨及自我毀滅，加上缺乏與其他有力行星形成相位或互容，所以毫無出路。這種弱勢的情況由主管第一宮及第十宮的逆行水星進一步強調，隨著它往後移動，便會走出其入廟及入旺之地，失去尊貴力量。

在尼米亞獅子的故事中，強烈地道出了由高位墜下的主題。在神話中，英雄海克力士殺死尼米亞獅子後，剝下野獸的皮披到肩膀上，以展示他獲得了獅子的力量，並沒被擊倒。尼米亞獅子是原始的象徵，通常展現出過大的野心，以及對權力的強烈渴望，為了將這些能量引至正確方向，英雄需要將其犧牲。路易十六雖盡力嘗試達成這個目標，卻難以避免法國大革命發生，這樣的命運被與世隔絕的第十二宮所強調。

由其他恆星的位置可清晰看出，軒轅十四所象徵的獅子被殺戮的故事與實際情況最為相關和強烈。天頂和天底軸線正好落在皇家恆星畢宿五和心宿二這條軸線的容許度內，此軸線標註了春分及秋分點，且帶有相關含義。因此老舊事物會死亡，給新事物發展的空間，且由於秋天之星心宿二落在天底，這代表一個朝代的告終，古老的法國王朝正邁向終結。心宿二為天蠍之心，牠是有著邪惡毒物的野獸，但可通過轉化形態變為鷹。這描繪出如何面對心宿二的難題——放開即將死去的事物，因為無論如何那些事物都將被帶走。但放手是很困難的，因為天蠍座是代表堅定慾望的星座（黃道上固定的水象星座）。

因此，國王必須放棄王朝，以及建基於王權的傳統嗎？這是個很大的問題——他能夠這樣做嗎？路易十六的性情並非純粹易怒，他也

不是那種滿腔熱血,不懂三思而行的人。一般而言,火星落在第一宮,且狀態不良的話,並不會使他成為隨和的人。儘管如此,他確實看到了改革的必要性,也的確嘗試改革。最大的問題是他受到孤立——沒有取得貴族、司法機關或神職人員的支持,保守派反對並阻止了他試圖實現的逐步改革。

這種戲劇性的情況,由能量不足的木星與太陽合相在孤立的第十二宮反映而來,它們在星盤上並未得到任何支持。作為第一宮和第十宮主星的水星即將逆行,離開入廟的位置,深入第十二宮並被焦傷,更強調了這一點:他無法取勝,因他即將失去大部分權力。即使你嘗試根據神話來做應做的事情,而路易十六也嘗試過了,星盤帶來的命運通常更為難以抵擋。魔法、心理學,甚至神話般的方式,都無法幫助你成為命運的主人。了解星盤可以使你在特定情況下作出最佳選擇,但卻沒法繞過主宰你的行星。如果有強風吹來,你無法改變風勢,但可以嘗試躲避,直至風暴平靜下來。

路易十六採取了連串措施犧牲了自己絕對權力的一部份。他透過此方式正面地活出了獅子的神話(一名能幹的占星師必然會這樣建議),但也沒能挽救局勢。他絕不像某些國王般愚昧無知,他非常清楚在英國內戰期間魯莽的查爾斯一世(Charles the First)已被斬首。這使路易十六變得謹慎,傾向於允許變革來緩和革命力量,但結果卻無濟於事。每個人都知道他是最後一位法國國王,被極端的革命分子以戲劇性和侮辱性的方式處死。這正是獅子的神話在現實生活中上演。

上述情形描述了星盤對生命呈現怎樣的統御性。路易十六在斷頭台下死去,這是一次公開處決,將他視作一般罪犯而非君王。死亡的

方式由第八宮主星或宮內行星顯示，即奪命星。在第八宮的宮始點有
極凶的南交點，在吠陀神話中，月交軸線代表了頭尾分離的蛇神婆蘇
吉。代表刀刃的火星為第八宮主星，與第八宮的宮始點形成映點，而
第八宮的宮始點跟金星形成兩度內的對分相，金星在解剖学上對應喉
嚨，且主管的第二宮也對應喉嚨。這對於歷史上最著名的處決之一來
說，實在最對應不過了。

卡羅・羅梅羅（Curro Romero）——殺死公牛 ————

在西班牙最著名的鬥牛士之一——卡羅・羅梅羅的星盤上，我們
會期望看見行星落在一顆金牛座的恆星上。「Corrida」，即西班牙
的傳統鬥牛，準確地描繪了公牛神話的精髓。該儀式源遠流長，顯示
了處理物質及戲耍公牛的正確方法。阻擋公牛並非一個好方法，因為
牠只會踐踏你。最好的方法是與牠玩樂共舞，令牠耗盡精力後殺死
牠。有許多種形式可以表現出這種神話般的表演，例如古老的圖畫顯
示一個人跳過公牛，而在跳躍中的他被塗以黑色，表明物質生活是
黑暗的過度階段。葡萄牙的鬥牛方式並不一樣，鬥牛士跳過公牛後
並不會殺死牠。但無論採取什麼形式，它始終是一本儀式性象徵手
冊，指引如何處理物質。這帶出的訊息是：代表物質的公牛是必要且
有趣的，但最後也必須被殺掉，必須割斷對物質的依賴，才可獲得快
樂。在羅梅羅的星盤上，發光體或天頂並非落在金牛座的知名皇家
恆星附近，月亮與公牛之眼畢宿五有 4° 之距，即使是發光體，這個
距離也有些太遠。然而，月亮所處的月宿由畢宿五主管，大幅彌補了

這一點。

　　月亮也落在畢宿星團——金牛座的雲狀星團——的主星上。畢宿星團是整個金牛主題的強化版，表明不幸和失望，因為我們生活在物質世界中。畢宿星團和昴宿星團是同父異母的七姊妹，為金牛座的一部分，同時對應七顆行星將我們囚禁於世俗的物質中，與更高世界隔絕。公牛的神話展示了如何處理物質的監牢，直至這些枷鎖被打破的時刻到來。鬥牛士穿著「鮮豔戰袍」亦非毫無道理，因這象徵著他所控制的行星能量。

　　畢宿星團是雲狀星團，象徵著因受物質所困而引致盲目。然而，這顆落在畢宿星團、滿載物質的月亮，於星盤中遇上強大的對手——

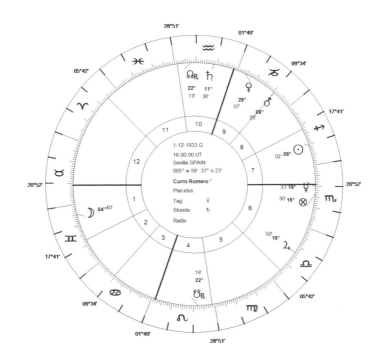

太陽，它以對分相的方式燃燒月亮。太陽的高度覺知與有火星特質的皇家恆星「死亡之星」心宿二相結合，這股太陽力量將勝過金牛座——月亮的本能，月亮正在經歷這個帶有燃燒性質的入相位對分相。這就是整場鬥牛的本質：神聖的太陽殺死了物質的月亮。星盤上其他行星位置，也支持著這兩顆發光體的對峙。水星與幸運點合相在尖軸，落在天秤上，即象徵公平與仁慈的鉗爪。代表靈魂渴望的幸運點落在「不對等的代價」——以無情來執行正義的氐宿一。它想殺死腐敗的公牛，以恢復正確的平衡。

因為土星與下降點形成映點，所以鉗爪的位置亦受到強調。土星是第十宮主星，在入廟的位置非常強勢，因此他會做他行業中的傳統之事。土星是死亡的自然徵象星，而它跟會合了兩個摩羯座中光線較微弱的恆星：周一（Armus）及秦一（Dorsum），為摩羯之心及背部。摩羯座是冬季來臨的標誌，此時太陽的光線是微弱的，這裡可被視作黃道的南交點，或在古時被稱作「海豚」——生命的出口。當代表死亡的堤豐出現時，物質的山羊轉化成神聖的魚。所以這故事正是跟死亡玩遊戲，而堤豐則代表公牛。羅梅羅的才華——土星，與這些摩羯座恆星相結合，展示了擊打的位置：鬥牛士最終用劍穿過公牛的脖子再刺入心臟，以殺死這頭野獸。偶爾獲勝的公牛不會再次加入鬥牛，因牠已知道所有的花招。儘管物質沉重乏味，卻非常聰明。

他的星盤顯示了馴服大型動物的能力。擁有強勢尊貴的火星主管第十二宮那些「比山羊更大」的動物，落在代表儀式的第九宮的宮始點。火星同時亦主管第八宮的死亡，聯繫了第十二宮的大型動物，帶來大型動物的死亡。下降點因會合幸運點及水星，且與土星形成映點而被強調。而土星亦落在自第十二宮起算的第八宮，因此殺死大型動物對他而言是重要的事。代表事業的第十宮主星定位了第十二宮主星

火星，明顯卡羅是大型動物的主人。星盤上有很多成功的跡象，因有皇家恆星氐宿一，而公牛之眼這個月宿也經常帶來成功，再加上有大量行星落在始宮。天頂亦加強了這一點，因其落在天鷹座的主星河鼓二上，一顆擁有木星及火星般的特質，且為一級星等的精英恆星。

　　星盤中對宗教的強調亦引人注目：河鼓二落在天頂，代表智慧的土星擁有力量，第九宮主星落在第十宮，而強勢的火星在第九宮的宮始點。這代表了鬥牛是一場重要的儀式，而非歐洲的牛仔競技表演。作為精神的自然象徵，太陽優雅地展現出其本質，傳統上這也象徵了神與祂的創造物同在。月亮則為太陽的對立面，因它象徵著我們轉瞬即逝的物質世界。這剛好落在心宿二和畢宿五這條恆星的軸線，代表死亡與新生。事業點，即屬於天頂的幸運點（天頂＋月亮－太陽，代表你的理想職業）落在北河三，是雙胞胎神話中不朽的兄弟，他不止是名戰士，更是行動派，而且是大型動物的馴獸師。

薩爾瓦多・達利（Salvador Dali）—— 絕望的珀耳修斯 —

　　世界上最著名的超現實主義藝術家薩爾瓦多・達利的星盤，清楚地展示出始宮的行星如何強大地展現在生命中。在這個案例中，月亮在天頂，這顆次要的發光體亦是第一宮主星。這個組合對成就而言並不差，因為這代表了達利處於頂尖的位置。月亮不僅代表著受歡迎的程度——幾乎每個人都會在房子的某處貼著達利海報——它也象徵著超現實主義，對應其流動的形式及夢幻的風景。作為一種藝術運動，

超現實主義竭力傳達人類無意識及不受控制的本性，儘管達利在超現實主義派中確實更有個人風格。

　　引人注目的月亮落在天頂的土司空上，這顆恆星被稱為海怪之尾，而海怪是波塞冬派來吞噬安德洛墨達公主——靈魂的象徵。這在達利的生命中是最重要的神話主題之一，他在幾近瘋狂的邊緣上維持平衡，創造藝術作品。仙女座跟藝術相關，因當中的所有恆星均直接帶有金星特質。透過這種金星般的特質，公主，即靈魂，試圖逃離海怪的威脅。原始慾望的混沌圖景，這正是達利所關切的事。他的藝術正是與瘋狂抗爭，從混沌中逃離，而該主題則由其他行星在星盤中的位置進一步強調。火星主管事業的第十宮及創意的第五宮，正入陷且會合水星——主管悲傷及自我破壞的第十二宮，並落在「失去頭顱」

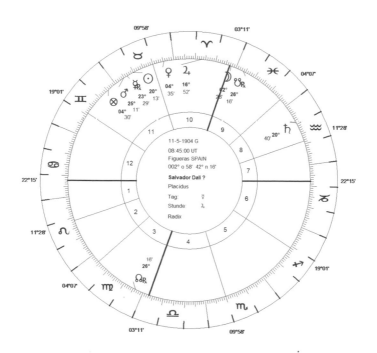

的暗黑恆星大陵五，因此會帶來混亂。

很幸運的是星盤上有極具吉性的因素：強大的土星在水瓶座為第
七宮主星，意味著其伴侶會較為穩定，可幫助他腳踏實地。這位就是
他著名的妻子加拉（Gala）。在與大陵五的結合中，我們還能看到美
杜莎、安德洛墨達公主與珀耳修斯故事的另一面：同樣是珀耳修斯，
他不僅砍下了美杜莎的頭顱，還拯救了公主。珀耳修斯石化了海怪，
用的是美杜莎長滿蛇髮的可怕頭顱，但美杜莎其實也能以美麗誘人的
形式出現。這當然與達利的藝術活動有關：將醜陋飾以誘人的美學面
紗。美杜莎的雙面特質：美麗與瘋狂，都可在這裡看見，這與達利的
大陵五本質相同。

達利創造的畫像是奇幻而瘋狂，那種令人不安的扭曲反映了美杜
莎所象徵的原始破壞慾望。根據某些神話版本，美杜莎與波塞冬在雅
典娜聖殿內做愛，因犯下此罪而受到懲罰，得到一頭蛇髮。這也對應
缺乏思考及理性控制，因雅典娜是最能代表清晰思維及理智的女神，
她本就由宙斯的頭部誕生。女權主義者對這個故事的解讀有時會在這
裡出錯，這個故事與當時或現在的婦女於歷史或社會中的地位無關。
無論是男是女，基本任務就是成為英雄珀耳修斯，並將充滿慾望，擾
亂思維的怪物斬首。達利的藝術表達了這場與混沌作鬥爭的神話，而
且看起來他似乎總是處於劣勢。

星盤的其餘部分有效演繹了這一神話角色，這種能量的融合通
常在成功人士的星盤中可見。作為藝術之星，金星入廟及擁有三分
性力量，落在始宮而不受剋，力量強大。這當然是正面的，並帶來
強烈的美學天賦，但並不足以解釋他的巨大成就。你需要強大的恆
星、始宮的行星，以及與出生前月相和蝕相的良好配合，才可為此

作解釋。如上所述，月亮在天頂對他的人氣而言相當重要，且月亮與像木星般擴張的的北交點形成映點，更與主要發光體太陽互容，而太陽落在吉宮第十一宮同樣是強勢的，代表勞動成果的宮位。太陽是外來的，卻擁有偶然的尊貴力量，而兩顆發光體的互容絕對為他的成就錦上添花。

上升點落在皇家恆星北河三，即雙胞胎中不朽的一位，作為皇家恆星，它會帶來巨大的成就。這是顆火星特質的恆星，代表戰士和士兵，可馴服馬匹，亦是個行動派人物。這是達利需要的特質，因為星盤的其餘部分並未真正指出有效的持續性行動——相當鬆散，而且他的體液質也是黏液質。與此同時，當中也有與雙子座恆星有關的二元性主題：理想化的事物與世俗的事物結合在一起。在達利的案例中確實如此，人們對他可疑的賺錢方式有很多猜測。他不是一個典型的貧窮藝術家，不需要在沒有一分錢支付房租的情況下，創造出色的作品。他在商業上非常精明，這可體現於主管第二宮的太陽被天頂的強大月亮及木星所容納，木星更是財富的自然徵象星，也落在第十宮，在錢財方面還不錯。

我們不禁注意到，七個古典行星都落在地平線上方，表明他在世界能被看見，可與後文中尼古拉·特斯拉的星盤比對一下。透過直接觀察行星在星盤上的明顯分布，便可在第一印象中解讀出活動主要發生在哪些領域。舉例說，當大部分星盤落在右邊的西方，此人便會經常與他人接觸。而某人的行星若全部落在地平線下，便不易被看見。

米克·傑格（*Mick Jagger*）── 戈爾貢蛇髮女妖 ────

　　在一位像漫畫角色般典型的搖滾明星米克·傑格的星盤中，我們期望看到一些明顯而強大的行星配置，而最震撼我們的當然是太陽與木星合相於上升位置。這清楚地表明盤主並不會是能輕易被忽視的人。更重要的是因為太陽是第一宮主星，是「言行舉止的象徵」，並且入廟，非常強勢。因此，他是一位天生的領導者，將決定自己的人生道路，並知道如何成為國王。他出生時已經是早上了，所以在這個日間盤中，木星為外來的，沒有三分性力量，因此發揮得不夠正面，在行為上更有過度的傾向，這並非一個代表紀律及控制的星座。木星也主管第九宮的準則和信念，落在鬼宿星團，接近兩顆在天文學上的

巨蟹座中的驢子星。這被視為螃蟹之心，代表對填滿生命的原始渴望，是對生命的一種純粹慾望。這亦是水元素的集中點，不容許被囿於架構，因此會造成混亂。作為冷血動物，螃蟹沒有潛在的神聖太陽能量，因此它將不加抗拒地隨波逐流。鬼宿星團亦稱為飼料槽，而裡面空無一物。救世主——即太陽代表的孩童國王並未在內，所以馬棚完全由動物的本質所主管。

　　驢子星為馬棚兩側的星星，與服務和尊崇馬房中的孩童有關。但鬼宿星團本身並無服務之意，慾望在此不受約束，這就是此星團具有破壞力的緣故——它傾向於擴散混亂，而在世運占星學中會引發殺戮。月亮會合幸運點（月亮點）落在大陵五上。月亮主管第十二宮的上癮、自我破壞及痛苦，其映點剛好在上升點。因此兩個最凶及最具破壞力的恆星——大陵五及鬼宿星團代表著濃烈的慾望在一生中緊密匯聚，而該能量更因尊貴的太陽與木星會合了上升點而增強。這星盤真是不得了，這男人真是不得了啊！

　　從占星學角度出發，便可理解歌曲《同情魔鬼》及《無法滿足》，因大陵五亦稱作惡魔之首，甚至樂隊名「滾石」也從星盤中顯示出來。石頭是土星，應固定不動、保持靜止及帶來穩定，而非滾下坡。但太陽與木星的合相討厭土星，其中負向容納的關係無法接受土星的紀律。傑格並無皇家恆星落在重要位置，但有兩顆強大的恆星——作為暗黑帝王的大陵五及鬼宿星團，他們確實有很多力量可以展現。它們代表著強大的神話力量，這就是為什麼傑格能成為神話。神話以他的生命作為一種工具來彰顯其磁性吸引力，大陵五清楚地表現出迷人的吸引力，使人們如癡如狂。

　　火星主管第十宮的事業及第五宮的創意，落在仙女座的天大將軍

一上，擁有純綷的金星般的特質，與藝術活動有強烈聯繫。安德洛墨達是靈魂的形象，被放縱慾望的海怪所吞噬，透過藝術進行逃脫的動機由此顯現。珀耳修斯再次擔當英雄角色，用美杜莎的頭顱石化了怪物，拯救了公主。被征服的慾望本性，可作為武器來抵抗操縱。只有當一個人能在某程上控制自己的覺知反應，才算真正的自由，否則他不過是頭使用力量的野獸而已。第十宮主星火星入陷，且三分代表藝術的金星——也同樣處於不良狀態。他的創作不太可能是美麗的，加上大陵五和鬼宿星團如此顯著，就更不可能了。

與往常一樣，特殊點提供了一些有趣的額外信息及說明。名望點（上升＋木星－日間盤的太陽）正好落在木星及鬼宿星團，靠近上升點。此特殊點並不會使你出名，但如果本身就有出名的潛力，那這個點就能說明你會美名遠揚或是臭名昭彰。在名人的星盤上，能量通常匯聚成一種有力的模式，能量集中是成名的因素之一。作為占星學者，我們大多分析平民百姓的星盤，一般而言雜貨商的星盤缺乏傑格般的集中能量，要成名在某種程度上更加困難。

因此這取決於星盤中，特殊點如何彰顯其意涵。特殊點與行星形成緊密相位或與宮始點合相，便會被強烈激發。傑格的星盤中，事業點落在下降點，顯示出在公眾面前表演的強烈渴望。此特殊點標示出你的理想工作，但不必然等同於你的才能。最理想的情況是將才能和職業結合到某種活動中，但這並非總能實現，不是所有人對工作都能像傑格般樂在其中。在七個行星點中，木星點（上升＋木星－太陽點）落在月亮及幸運點會合的位置，並再一次與上升位置形成映點。此特殊點代表上天的眷顧，在實質或精神意義上，亦代表無償地獲得成功或支持。有趣的是，可以看到性交點（上升＋金星－太陽）與代表色慾的金星合相，落在代表例行出遊的第三宮的宮始點：流行樂狂

熱追隨者（groupies）！

瑪丹娜（Madonna）——在獅子背上

　　超級巨星和流行偶像瑪丹娜已經六十餘歲，如今卻銳氣不減。這張星盤藉由始宮中的行星，第一時間顯現出她的力量。月亮及水星落在上升點附近，這從占星學上解釋了她的藝名——瑪丹娜，月亮的母性能量。傳統上，神聖的處女在圖畫中總是站在新月上，在古時更被

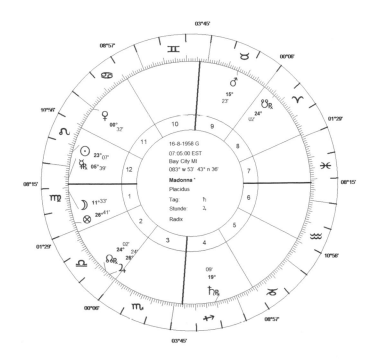

稱為海洋之星——象徵著她指導海員和任何與海有關的人——我們的慾望以及聖女的指引，本質上都與月亮有關。這正是瑪丹娜所做的事，賣弄著慾望及女性魅力。外來的月亮搖擺不定，進一步表明這種情況。加上月亮本質上是浮動不穩的，產生原始而直接的情緒。

月亮及水星會合在處女座——傳統上為有聲星座，對表現力而言，具有正面影響，儘管水星逆行會導致一些麻煩。事實上，有人在討論瑪丹娜聲音的真正質量，而她似乎對此感到不安。逆行的確會令行星被削弱，但月亮、水星的尊貴力量以及整個天文星座的強度能作出莫大彌補，因此這只是個小問題。由於月亮是公眾的自然徵象星，而水星象徵貿易，這使她對趨勢的發展有深刻了解，可以將其商業化。

月亮也落在太微右垣五——獅子的背部。這為月亮帶來無比的野心，也讓她獨斷獨行，沒人可以駕馭獅子。而古老文獻強調的是這顆恆星的負面影響，無恥、自私和不道德行為均為太微右垣五的關鍵詞。它帶有土星和金星般的特質，但由於這兩顆星在星盤上都沒有尊貴力量，與月亮的情況相似，那麼不太討好的一面將體現出來。瑪丹娜在舞台上無疑是不知羞恥的，而且她絕對是主場，控制著整個演出。不要試圖以任何方式繞過她，否則獅子會露出尖牙。

透過月亮所處的月宿，我們可以更清晰地預測其影響。該月宿由天文學上的獅子座的兩顆恆星主管，其中一顆又是太微右垣五。在吠陀傳統中，它的其中一個名稱為「第二個紅色的」，表現出來的另一形象為：壁爐、小無花果樹、林伽（lingam，譯註：在梵語為「標誌」，象徵印度教的神祇濕婆）和陰莖。情慾快感的含義很明確，而該恆星的關鍵詞中不僅提及音樂家、藝人及歌手，有時還提到性關係

及性治療師。能擁有此等成就，你會期待看到某些行星或尖軸落在皇家恆星上。的確，大吉星木星落在象徵擴張的北交點及皇家恆星角宿一，位於代表金錢的第二宮。這對財務狀況而言非常有利，更重要的是，木星是財富的自然徵象星，儘管木星的映點在下降點附近對分了水星，木星在映點位置上依然施加了角宿一的吉性影響，且它本身是第七宮主星。而水星是第一宮主星，所以透過對分相與木星的映點展現出緊張的關係，但也未至於太戲劇化，因此處受到角宿一能量的保護。強大的室女座的麥穗能帶來美好成果，只要它不像戴安娜王妃的星盤般，與其他強勢的配置產生衝突。

瑪丹娜經歷了兩次婚姻，考慮到她的巨星身份，似乎已非常克制。很多超級巨星的愛情生活都極具問題。太陽在第十二宮，但落在自己入廟的位置，擁有大量必然尊貴，且跟吉星木星形成緊密的六分相，這個包含強大因素的相位，幫助孤立無援的第十二宮太陽逃出來。這對關係而言也是有利的，因木星為第七宮主星，而太陽是男性的徵象星。木星與土星形成強大的廟旺互容，土星主管第五宮的享樂、性愛及創造力，幫助作為金錢徵象星的木星，因此性愛及趣味會帶來金錢。而土星表示出她在情色表演中的黑暗面，混合了宗教象徵與性，意圖明目張膽地挑釁，通過代表宗教的第九宮中入陷的火星，緊密地三分月亮展現出來。月亮——在此星盤中名為「瑪丹娜」的行星。

幸運點——象徵在世俗中她的靈魂慾望——落在翼宿七上，關聯到烏鴉因「別處的芳草特別綠」，而放棄任務的故事。而聖杯亦象徵了從物質的污垢中尋找天堂之美。聖杯是靈性的象徵，但在較低層次中，因它善於接受，能夠容納的特性，亦聯繫到女性情慾。神話象徵的形象彰顯在不同層面上，這也指出了瑪丹娜最引人注目的特徵之

一──一次又一次地自我改造能力，她是終極的百變藝人。幸運點在
翼宿七上，她想繼續追求更吸引人的美麗，而這由水星所定位──一
顆具有多種型態的行星，而這顆第十宮主星又與天頂形成四分相。月
亮及水星為多變的行星，而水星也是第一宮及第十宮主星，兩者落在
水星主管的星座，並落在上升點上，帶來一位百變藝人也絕不意外。

艾迪特·皮雅芙（Edith Piaf）——火！ ————————

　　某些星盤是清晰易明的，而艾迪特·皮雅芙的星盤正是個
好例子。顯而易見，此人不會擁有平靜的生活。她屬於黃膽汁
（choleric）體液質，是個勇於抗爭，直言不諱，且一定要別人聽其
所言之人。對於黃膽汁體液質的人來說，火星的狀態總是格外的重
要，因為是行星構建和組織了星座中潛在的元素能量，並把這些能量
運用到我們的世俗世界。行星的狀態越好，就越能良好地運作，這就
是古典占星重視行星多於星座的主要原因。

　　這究竟是什麼樣的火星啊！這個與火相關的行星在獅子座末度數
上，不具有很多必然尊貴力量，因外觀及界的尊貴力量並不強，但總
好過什麼都沒有。火星所落的黃道位置被稱為「野性的」或「兇猛
的」，傳統將這個意涵賦予整個獅子座，以及人馬座的第二部份──
由本能主導的下半部馬身。經由實證便可確定這個想法是正確的，原
始動物的能量集中在黃道的這些部分，加上火星落在軒轅十四──獅
子之心，這帶來巨大的成就，同時也有一顆炙熱的野心。要正確地解

決軒轅十四帶來的更多負面特徵和危險，便要殺死獅子，犧牲其盲目的野心。

　　火星的主管關係完成了整幅拼圖。這顆火星為第一宮主星，代表琵雅芙本人，同時也主管代表創意的第五宮。從此可見很多激情會上演，其藝術創作不會有多甜蜜。火星會合名望點（公式：日間盤為上升＋木星－太陽；夜間盤的公式則相反：上升＋太陽－木星），代表使你美名遠揚或臭名遠播的事物。而火星與第四宮的強大木星以三分性形成正面的互容，這令代表其創造力的火星與位於雙魚座的吉星木星聯繫起來。木星主管第四宮的根源及傳統，法國香頌並非最現代的音樂形式。

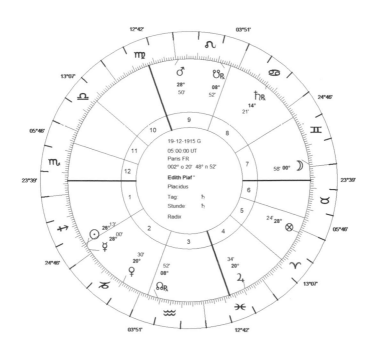

琵雅芙最著名的歌曲充滿火星味道及激烈情感——《我無怨無悔》（Non je regrette rien）。為何一個壞脾氣的人會曾經悔恨？他在必要時拔出刀，後悔也沒有任何意義。這首歌也有政治和愛國的一面，琵雅芙將它獻給了在阿爾及利亞戰爭期間沾污了雙手的法國外籍軍團士兵。在星盤中，我們可以確實地看到火星（軍人）在第九宮（外國），作為第五宮主星（一首歌）落在軒轅十四（巨大的名望）以及合相名望點，與代表根源和故土的第四宮主星木星互容的表現。

火星的重要性被幸運點所強調，靈魂的渴望表明了我們真切和深刻地在世俗生命中想獲取的事物。幸運點落在第五宮，由火星定位，並與之形成緊密三分相，因此她的確想做第五宮且與火星相關的事情。由於火星是性愛的自然徵象星，同時也是主管代表所有享樂的第五宮，我們清楚地看到為何她被譽為「男人的吞噬者」。為描繪星盤中的性慾，其體液質應與第五宮的狀況分開考慮，冷乾的黑膽汁質令人不想深刻地與他人相關聯，但像琵雅芙那樣渾身是火的人，性生活將大不相同——過多的火焰必須被釋放出來，否則會被卡住，引發各種問題。

對於愛與關係，性情暴躁的人並非一位和諧的伴侶，而第七宮更為此增添麻煩，因極凶的大陵五落在琵雅芙的下降點。大陵五會令事情出錯，因充滿慾望的蛇髮會完全蓋過理智，這由美杜莎的頭顱所象徵，結果會是一片混亂。如上所述，大陵五是個令人憎厭的怪物，但也具有誘人的美麗女性形態，使本能衝動變得如此吸引人。但現實並不美好，因結果總是一片混亂——正如琵雅芙的生命。唯一的救助方法是砍掉怪物的頭部，痛苦地犧牲掉對他人的強烈渴望。這裡必須使用珀耳修斯之劍來區分什麼應被擁有：真正有價值的是什麼，應該扔掉的又是什麼？此外，不穩定的月亮——變幻的行星，落在第七宮的

昂宿星團上，即哭泣的七姊妹，並落在刀刃月宿，絕不會為關係帶來任何好事。

對職業的進一步分析，更突顯了這顆火星的強烈。它跟主管第十宮並被焦傷的水星也形成了緊密的三分相，並落在天蠍座 M7 疏散星團，與盲目有關。眾所周知，表演對琵雅芙而言是地獄，即使她有火爆的性格，但走上舞台前卻總是極度緊張。水星，代表神經的行星，同時也主管第十宮的公眾活動，入陷且被焦傷，也落在帶來盲目的星團。所以她一出現在舞台腳燈前（太陽），思考及說話（水星）能力便會大幅削弱（焦傷及入陷）。琵雅芙的緊張確實有一些占星學的緣由，但正是她那火星的戰鬥精神和野心勃勃的軒轅十四，使她不顧一切登上舞台——獅子之心的自尊，不會讓緊張感羞辱自己。

上升點位置還有一顆一等恆星馬腹一，即半人馬福洛斯的右前腿。儘管馬腹一作為右前腿比起左腿的南門二有更正面的含義，但同樣的主題——生命本能與意識控制之間的強烈張力，在此產生重要的作用。福洛斯死於沾上九頭蛇毒液的箭——慾望的象徵，即受害於自己的本能。琵雅芙的生活及工作主要圍繞著強烈生命本能的痛苦表達。她通過藝術形式表達，試圖超越情感，但顯然在她不安於室的生活中，九頭蛇之毒最終會擊敗她。

瑪麗蓮・夢露（Marilyn Monroe）——被囚的公主 ————

　　瑪麗蓮・夢露的成功可以立刻從第十一宮看到，此宮對她而言是最正面的宮位。太陽位於此，與水星會合落在畢宿五——性感的紅色牛眼，為絕對頂級的皇家恆星之一。這是個絕佳配置，能帶來巨大成就。由於第十一宮並非職業本身，而是從中獲得的利益或國王的恩惠，這明顯解釋了為何在她的生命有如此多具有權勢的男人。太陽是國王的自然徵象星，不單落在第十一宮，同時也跟主管第十一宮的水星合相。

　　水星非常強，由於跟太陽的合相發生在水星入廟的雙子座，令水

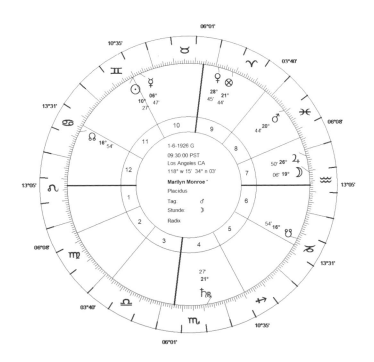

星在焦傷中也能有充足的力度來表現自己，即使靠近太陽也並未真的被焦傷。實際上，水星在皇家恆星畢宿五上獲得太陽的全力支持，因這種類型的焦傷會被視作一種互容——太陽以其光線控制水星，但水星剛好是太陽的定位星，可以控制太陽。這一切都發生在水星主管的風象星座雙子座上，雙子座在傳統中被定為「發聲星座」，實際上她擁有一副好聲音，高貴性感的畢宿五之音。

在第七宮，我們找到月亮及木星，兩者均為外來的。兩顆星均是不設界線或不穩定的，因此對於關係而言前景並不樂觀。此外，第七宮由逆行的無力土星主管，與第七宮的月亮形成相位——對建立親密關係而言並無幫助。土星同時也落在天市右垣七——巨蛇之心，此組合將帶來與曖昧男人的不愉快經歷。第七宮主星代表在我們生命中「自動」出現的伴侶，亦是我們愛情關係的主題。

金星，最適合作為終極的性愛象徵，同時主管第十宮的事業，入陷在牡羊座。按照傳統，這會令一個人更顯性感。但這也並非一顆舉止正確並安份守己的金星，落在天秤座的金星才會如此。金星精力充沛的一面盡在眼前，而落在奎宿九——兩顆具有純金星特質的恆星之一——無疑進一步加強了她的魅力。奎宿九是安德洛墨達公主腰帶上的一顆恆星，公主被鎖在岩石上，即將被波塞冬派來的海怪所吞噬。

這頭海怪象徵著慾望的本性，而公主是那個試圖逃離可怕巨鯨的靈魂，因此她唱出美妙的歌聲，渴望珀耳修斯能來拯救她。安德洛墨達是最具代表性的落難少女，這是一個古老而強大的主題，引起許多男性的共鳴。有誰不想成為珀耳修斯？仙女座是純淨的金星特質的天文星座，緊密聯繫到藝術。而金星的行星符號也表現出其本質：象徵精神的圓形在象徵物質的十字之上，代表在物質型態中創造出秩序與

和諧，此乃美的本質，物質形式散發出神聖之光。在夢露的星盤中，比起嚴肅的藝術形式，金星的能量更偏向於慾望的表現。這顆愛與美的行星入陷，由火星的熾熱衝動所主導。

令人驚訝的是，金星剛好在牡羊座的末度數，即將進入其入廟位置。夢露肯定會想做些金星的事情！推運中，這顆行星將有很長一段時間獲得尊貴。這並不代表金星在本命盤的入陷位置不再適用，但這意味著她本命盤的潛能將隨著金星在推運中進入金牛座而表現出來。在接下來的推運中，踏入新的界及星座後獲得不同的尊貴，會清晰地彰顯於生命中。這顆重要的第十宮主星金星，唯一形成的相位就是緊密地六分木星——主管享樂的第五宮，落在始宮以及風象星座上，對應她最著名的女演員形象——被吹風機的氣流吹起裙子。這展示出特殊點多麼精確地運作，名望點（上升＋木星－太陽，在夜間盤中則相反）正好位於金星上，與風象代表情慾的木星形成相位！

夢露還有強烈的陰暗面：她對藥物和酒精上癮，據說這最終導致她自殺。南交點總會帶來極端的問題、脆弱和痛苦，而這正好落在代表疾病的第六宮的宮始點，且第六宮主星是無力且外來的土星——憂鬱的行星落在巨蛇之心上。土星非常影響情緒和思想，因它與情緒化的月亮形成相位，且月亮主管代表自我毀滅的第十二宮，落在土星入廟的位置，水星的第一個三分性主星也是土星，這些都不是快樂的位置。金髮女郎那「金星牡羊座」的形象背後，埋藏著更黑暗的現實。

從醫療占星學的角度來看，這顆土星的影響，可透過採用高濃度的順勢療法的鉛製劑來調和，因為鉛是屬於土星的金屬。這顆大凶星由中等強度的火星所定位，而火星在雙魚座擁有三分性力量，亦跟土星形成相位。因此，與火星有關的任何事物都可以治療土星的破壞性

影響。火星主管代表宗教的第九宮，在此我們可以找到她靈魂的嚮往——幸運點，所以靈性發展使她擺脫土星所帶出的絕望。月宿再一次令人震驚，月亮落在海豚月宿，與音樂及財富相關，也代表萊斯博斯島的詩人阿里翁為了逃脫綁架者的魔掌，跳進水中自殺，以逃脫綁架者之手。

尼古拉・特斯拉（Nicolai Tesla）──聖艾爾摩之火的咒語

尼古拉・特斯拉研發了多項電力應用，在當年走在時代尖端，幾乎令人難以置信。在他的星盤中瞬間吸引目光的是：除了木星之外，所有行星均落在地平線下，而木星亦落在不顯著的第十二宮。要被世界注意到對他而言是件困難的事——他在地平線下，不被看見。而這種隱身的情況會因無力的第十宮主，即入陷的土星，變得更嚴重。實際上的確如此，即使在電力領域上取得非凡成就，特斯拉也沒有獲得應有的認可。有很多人取得的成就遠不及他的影子，卻比特斯拉更有名。這描述了必然尊貴及偶然尊貴的分別，品質及力量上的分別。

唯一在始宮的行星——太陽，亦引人注目。因它靠近天底，擁有最強的偶然尊貴力量，即擁有最能彰顯於世的力量。當然，天底並非帶來成就的最佳位置，畢竟這是星盤的最低點，與午夜相關，同時對分天頂。就事業而言，接近天頂或上升位置的行星會較易運用出來。下降點的有力行星即使落在始宮，也有其不利之處，因它落在你對手

的宮位，並非真正屬於你。天底的太陽在特斯拉的星盤中最黑暗之處亮出光芒，對於一個以電力和照明相關的活動而聞名的人，這絕對適當不過了！

特斯拉的活動完全跟能源相關，這由太陽與火星形成的四分相所強調，因火星是能源的自然徵象星。金星為第一宮主星，因此特斯拉本身也全情投入這個能源與光的四分相之中。命主星被嚴重的焦傷，太陽這顆最大的發光體吞沒了它。火星在南交點上的位置也非常引人注目，象徵遞減的南交點強調了能量下降的概念，這同時亦由位於天底的太陽所表現出來。入陷的火星為無力的，因其落在自己守護的星座對面，但剛好位於角宿一——具有強大保護力的恆星處。在天底的太陽也主管第五宮的創意產物——特斯拉親自設計和建造了許多創新

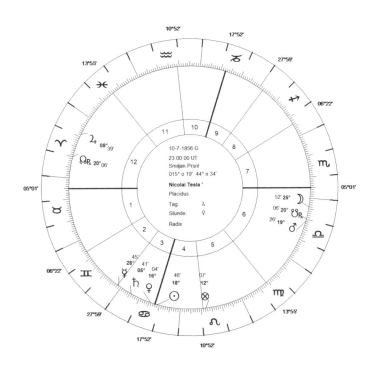

事物。第三宮主星落在第三宮的宮始點，落在自己守護的星座上強而有力，表現出他具有實踐技術的能力。

　　有趣的是太陽落在北河二——著名的雙胞胎卡斯托耳及波呂丟刻斯中代表世俗的那位，顯示他生命中許多重要事件。事實上，太陽落在雙胞胎中較平凡的一位這件事確實令人震驚——如果你研究恆星的話，這種事也經常發生——特斯拉一生中最令人震驚的事件就是其早逝的兄弟！這名兄弟被認為是兩人之中真正的天才。事實上這位兄弟確實非常有力，因水星為第三宮主星，正好落在第三宮的宮始點，但他即將離開自己守護的星座，很快地移動到巨蟹座，遇見入陷在此的巨蟹座土星。特斯拉一生都感到內疚，因此他有義務去完成那本來聰明的亡兄所無法完成的事情。

　　進一步分析太陽落在北河二的配置，會帶來驚人的見解。卡斯托耳與波呂丟刻斯不單是代表世俗和不朽的雙胞胎，他們在傳統中亦聯繫到聖艾爾摩之火——雷電將至時，在船桅或其他高點周圍出現的光影現象，這是一種電力釋放（譯註：中國古時稱馬祖火，是一種自古以來就常在航海時被海員觀察到的自然現象，經常發生於雷雨中，在如船隻桅杆頂端之類的尖狀物上，產生一種冷光冠狀放電現象。）因此，我們在這裡發現了一些很棒的事，神話帶來的不單是兄弟的早逝及特斯拉的電力研究，這也很清楚地說明了為何聖艾爾莫之火在古時被視為卡斯托耳和波呂丟刻斯的能量彰顯——兩極之間的高壓能量。

　　卡斯托耳和波呂丟刻斯不但是水手的守護神，讓我們聯想到船桅杆上的聖艾爾摩之火，更帶出了宇宙互補能量流動的兩極概念。在東方這被稱為陰與陽，在西方古老的煉金術中，這被視為硫及汞。象徵基本極性的另一形象為雙蛇杖，一把有兩條蛇纏繞著的權杖，顯示了

平衡與建立整個宇宙的擴張及收縮。這就是北河二與北河三的本質所指——相反作用力之間的強力極性，解釋了為何聖艾爾莫之火會以此命名，以及它們與電力的關聯。特斯拉並沒有意識到，他自己就身懷硫與汞之間的極性本質，而這也是他天賦的來源。

因此雙子的神話有多元層次，非常具體的同時也彰顯於心理及宇宙層次，這也帶出了知識及行動的結合。「印第安納瓊斯」般的主題非常對應這位發明家在某種意義上以月亮的實用形式，表達出太陽式理論的靈感。這跟兩極能量流動的動態張力是相同的，解釋了為何雙子的一些關鍵字是模稜兩可、雙重本質、高與低、理想與現實。兩顆恆星的本質進一步描繪這兩點：北河二是務實的水星，北河三是熾熱的火星。特斯拉的哥哥因墮馬而早逝，而卡斯托耳和波呂丟刻斯是——馴馬師，這表明了恆星會如何具體彰顯，你不能戰勝它！

星盤上的另一顆恆星填滿了這幅清晰易明的圖畫。在第三宮宮始點的第三宮主星水星，代表他的亡兄，落在參宿四上——獵戶座中帶來強大成就的一顆恆星，強烈地顯示出這不會持續很長時間。月宿再次成為亮點——雙手月宿與實際應用、注重細節有關，亦代表將創意概念轉化為實體。

亨利八世（henry the eighth）—— 公牛之眼 ————

充滿魅力的英國國王亨利八世，長久以來聞名於他的六次婚姻以

及他如何無情地對待那些無法誕育繼承人的女人們。星盤中清晰地顯
示這一點：金星，作為女性的自然徵象星，在第十宮天頂會合幸運點
（靈魂的慾望）及南交點（一分為二的蛇）。即使我們對此人一無所
知，也可以看到他跟女性（金星）之間產生的巨大麻煩（南交點）將
成為他一生（天頂位置）的重要主題。透過傳記可對此進行更詳細的
了解，但即使沒有這些資料也能看到基本的主題。

　　儘管月交點並非恆星，其影響卻強烈地跟蛇的神話象徵背景相
關。蛇是生命二元性的偉大象徵，代表創造者與被創造物的分離，與
二元狀態之前的原始統一形成鮮明對比。這就是為什麼我們會在伊甸
園中的善惡樹上發現蛇。這種對立面導致統一性的消失，因蛇站在與
神分離的生命開端，而神則是萬物之源。這也解釋了為何月交點的影

響通常是極端的，因它們代表最原始的生命力本身。在德魯伊的傳統中，由蛇從口中產出世界之卵的這一象徵表現出來，因此二元性（蛇）誕下了我們生存的世界（蛋）。

北交點為龍首（蛇），明顯在這一點上，蛇的二元性透過無限野心及對物質財富永不滿足的慾望顯現出來。龍尾是相反的，代表事物會極端地離你而去。在亨利的星盤上，第十宮主星金星會合凶性的龍尾，因此在公共視野中，他會與各種具有極端缺陷的女性發生糾葛。龍首在第四宮的家庭、傳統及皇朝上也扮演了重要的角色，這令他強烈地渴望男性繼承人來延續王朝。這是造成所有婚姻困擾的重要因素，但南交點會合了金星加強了這一點，而該合相在他的生命中顯而易見，代表亨利的命主星，與主管第五宮子女的土星，是另一個因素指示出後代問題。

南交點上的星座支配了整個出生圖，人生也被安置在強有力的皇家恆星畢宿五——公牛的紅眼。這顆恆星講述了眾神之首宙斯偽裝成公牛，將歐羅巴公主綁架到克里特島。這種象徵最能對應亨利所幹的事情：他綁架了婦女，而她們很快發現自己在南交點的危險出口，可能會在這裡斷頭。一個好的占星師絕對會告誡女性別太靠近這個男人！婚姻和人際關係將不是他一生中最順利的部分，這由第七宮主星——擴張的木星所強調。木星入陷在雙子座，與第九宮主星火星形成緊密的四分相，火星作為不和諧之星，以負向容納的方式傷害第七宮主星。

同時，這個相位代表亨利在創立英國國教的過程中，將英國由羅馬天主教會分裂出來。此舉的動機是教皇拒絕讓亨利與阿拉貢的凱瑟琳（Catherine of Aragon）離婚，此張力明顯由第七宮主星和第九

宮主星之間的四分相表現出來。

太陽作為國王的自然徵象星，落在北河二及北河三之間，而亨利在長兄意外死亡後，於年輕時登上皇位。這個雙子座神話指出了雙重性——世俗行動的傾向與更純淨的本性之間的對比。亨利雖然粗魯，卻是個支持藝術和科學的人。他是一位天才音樂家和作家，某程度由天頂的顯著金星所表現出來，而且更大程度來自具有強烈創意的第五宮主星土星，落在自己守護的風象星座水瓶座。

天頂落在畢宿四上，為畢宿星團——像昴宿星團的七顆恆星——的主星。在神話中，畢宿星團的七姊妹與昴宿星團的七姊妹是同父異母的關係，同樣聯繫到淚水與失望的主題。酒神巴克斯在嬰兒時受到畢宿星團七姊妹的照料，儘管被悉心照顧，長大後還是成為不可救藥的醉漢——好心卻成就了壞事。這幾乎與亨利的形象相符，亨利是個懶惰的老國王，主要花時間在情婦和口腹之慾上。有前途及活力的年輕人最終變成了老胖殘軀，在歷史上被稱為肆無忌憚的殺人犯。

畢宿星團及昴宿星團為七顆恆星組成，不單形成恆星組合，也被視為天極點的象徵。天極點在古時與上帝相關，因萬物都圍繞此軸心旋轉，調節萬物法則。天極點附近是大熊座，同樣由七顆恆星組成，在夜空中無法被忽略。這些恆星代表七賢者，與神聖的天極點相近，顯示出其智慧。昴宿星團及畢宿星團可被視為這些賢者墜落的形象，因他們的妻子（昴宿星團）被誘惑，從高處的天極點附近墜落至黃道上的尋常位置。這就是更深層的原因，解釋了為何兩個星團都與出錯的事物和失望相關，再加上昴宿星團七姊妹及畢宿星團七姊妹的父親為泰坦阿特拉斯——與眾神為敵的巨人，更進一步強調了這一點。

　　這裡明顯地解釋了為何月宿的解讀應留待星盤分析的最後一步。月宿通常是整個生命模式的一部分。在亨利的案例中，月亮位於整個月宿循環的最後——雙魚月宿，與時間及道路相關，同時也有靈性上的意涵。當第九宮主星的狀態如此惡劣，靈性的發展便不太可行，但這裡也有另一意涵，例如循環的結束。亨利通過與教會分裂成為促使中世紀結束的歷史人物之一。結束的主題似乎在婚姻中更為明顯，這也強烈聯繫到這個月宿。

唐納・川普（Donald Trump）——尼米亞獅子 ————

　　不管你喜歡與否，唐納・川普的確是近十年來最具影響力的政治人物之一，因此我們會期待在他的星盤上看到一些重量級的恆星力量。而事實也沒讓我們失望，如果需要一張星盤去證明沒有恆星就無法進行有效的占星解讀，那就是這張星盤！這是個特別案例，因處處佈滿權力的星盤實屬罕見。這證實了占星學的基礎原理，我們能且只能活出本命盤所昭示的生活。在這裡，我們看見一位聰明人，他相信自己正計劃高效的策略，但事實上恆星及行星的位置，決定了他的生命，而非他本人的努力。占星學表明他不是終極的美國夢，你也可以說他是惡夢，他只是活出了這張充滿潛力的星盤。

　　這張星盤瞬間引人注意的是火星與上升點合相，它並非落在第十二宮，因在古典占星學，宮始點的容許度為 5°。因此，無論這顆火星代表什麼，都會在他生命中扮演重要角色。火星在第一宮描述了他的

行為，這顆行星直接化身為他最個人化的標誌。這是個恰當的描述，因為沒有人會認為川普是一個特別友善或和睦的人。火星在此尤其重要，因他的氣質、行為舉止和身體素質都很火爆。那意味著火爆及所有火焰都通過火星爆發出來。我們在這裡確實看到一名士兵，他總會為某些理由而戰。

他將會成為領袖，因火星及上升點均落在軒轅十四——帶來王位的獅子之心。上述兩個位置都與最高貴的皇家恆星會合！獅子座能量的野心勃勃和自豪的本質將會透過火星彰顯出成就，表明這是個為統治而戰的人。這進一步由幸運點與火星的對分相所強調，這是他的靈魂慾望、他一生所渴望的，而這種飢渴正是火星在軒轅十四之力，以

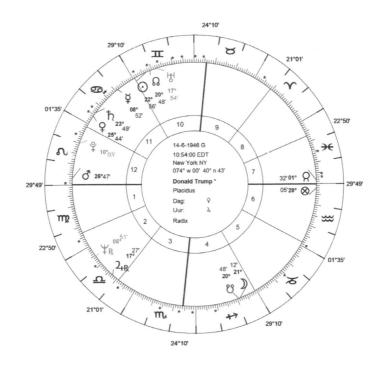

壓倒性的力量統治他人——「我與美國優先」。

　　這個至關重要的火星為第四宮主星，同時也主管父親。川普從父親手上接管了房地產業務。在遇到財務問題時，父親也多次拯救了他，因此他是一位有強而有力的商人形象只是事實的一部分。

　　作為第四宮主星，火星不僅代表父親，同時也代表房地產，且落在軒轅十四上，這是大型的地產，像川普大樓一樣。由火星可見，他本人、父親及房地產也緊密相關。火星指示出他的一部分財富，但主管第二宮流動資產的水星情況也不壞，儘管不夠直接和明顯。水星落在力量強勢的第十一宮，位置良好，沒受到刑剋，但也沒有多大力量，只能通過映點（聯結巨蟹座 0° 和摩羯座 0° 的軸線兩側的鏡像位置）發揮。水星的映點上有命主星太陽，即川普本人，而這個太陽落在如木星般具有強大擴張特質的北交點，全都落在第十宮所代表的事業上，整體而言還不錯。

　　光是這些就足以給他帶來很多金錢，但事實上還有更多。命主星太陽與北交點的合相落在強大的恆星五車二——一顆一等恆星，這令命主星太陽、北交點以及第二宮主星的映點匯聚成的合相更強大。五車二是御夫座的主星，這個天文星座除其他事項外也與速度及交通運輸有關，川普投資了運輸公司。這再次顯示出神話象徵會以字面上的意思彰顯，圍繞我們的具體現實是宇宙象徵結構中的某個層面。

　　此外還有更多需要考慮的地方。太陽也跟月亮對分，因此在他星盤上是一個滿月。太陽作為命主星，即川普本人，擁有的強大力量蓋過月亮所代表的一切。在滿月時，月亮會很脆弱。這是月亮在月相循環周期中最脆弱的時刻，因它完全被太陽的光芒所掩蓋，且它本身無

法發光。月亮本質上的功能，就是反射太陽的光線，在滿月時這個功能會完全發揮出來。這意味著，月亮完全被太陽主導，而太陽在此便是川普了。事實上，滿月落在月交點軸線上，使這次滿月成為月蝕——因此月亮不單被太陽所主導，也被太陽擊倒，令太陽的能量更完整。由於月亮是人民的徵象星，此月蝕是其中一個關鍵位置，解釋他的民粹主義力量。

這種壓倒別人的能力在天頂上再次重現，我們在此位置上找到大陵五——天空上最凶險的恆星。這不一定代表事業會受到傷害，相反，正如其他許多案例般，它可以成為偉大成就的強大基礎。屬於美杜莎的大陵五會為人帶來誘人的魅力，由滿頭蛇髮但同為美女的妖怪所象徵。它能夠強烈地吸引他人，因它是慾望的本質，因此川普可以將蛇放在別人的頭上，從而剝奪他們清晰思考的能力。即使是直接受其政策所害的窮人也傾向於支持他，被他的誘人魅力所蒙蔽。

因此，這裡有極致尊貴的軒轅十四在上升點、強烈魅惑的大陵五在天頂，以及月蝕中的命主星太陽會合一等恆星五車二。但不止於此，金星，主管第十宮的事業，落在強大的南河三，為小犬座的主星，亦是這裡最明亮的恆星之一。小犬座的神話主題就是我行我素。這頭聰明而惡毒的小動物將成功地對抗任何力量，而川普當然做到了！旁邊的是土星，這顆大凶星會透過緊密合相影響其事業，解釋了他財務上的不幸，以及再三面臨破產的局面。土星入陷，因此它無法帶來應有的紀律和審慎，也完全沒有土星應有的沈默，「天使不涉及之地，愚人卻欣然前往」。土星也在另一皇家恆星北河三上，是雙胞胎中不朽的那位，的確他生存下來了。川普的月宿為天蠍之心，由強烈紅色及充滿火星特質的心宿二主管，關聯到傲慢獵人俄里翁被蠍子殺死的主題。

　　川普希望在 2020 年再次當選，但這似乎是不可能的。假如我們分析法達推運法，看看它在各個時期主星的輪動，便會看見不利的變化即將發生。川普當選總統時，北交點為法達推運的主星。北交點與命主星太陽合相在五車二，以太陽光線壓倒代表人民的月亮。法達由北交點主管時，這時期通常為事業帶來成功與進步，然而緊接的是土星般的南交點——龍尾。在川普的星盤中，這發生在 2019 年 6 月，而這個衰弱的南交點將會帶走成功，它落在月蝕中失去所有光芒的月亮上，糟透了。他停留在軸線中錯誤的一端，這令他從 2019 年中期開始墜落，川普的「鐵氟龍」將被刮掉（譯註：鐵氟龍也稱不沾塗層）。在選舉當月的月亮回歸盤重複了這一點，而南交點落在上升點，實在不被看好。

——— •••• 世運占星案例 •••• ———

　　比起在本命占星學，恆星在世運占星學中更不可或缺。下面列出的情況僅為了說明這一點。對世運技巧的完整討論並不屬於本書範圍。恆星被傳統視為至高形式的天空的人文科學，且在世運占星學中，其運作跟本命占星學有些許差異，因為這與集體有關。集體因沒有具體的心理主體，所以沒有實質的人格意識，它會非常直接地活出神話主題，徵象十分明確。

紐奧良的卡崔娜颶風（Katrina）———

　　世運占星學中的其中一個最重要的工具，就是在太陽每年進入牡羊座 0° 的那一刻，為國家首都所起的牡羊座始入盤（ingress chart）。始入盤可被視為國家的太陽回歸盤，且跟其他相關的世運盤結合時，可以顯示出接下來的一年此地會發生何事。正如本命占星學一般，並非每個世運回歸盤都具有相似的意義。幸運的是，正如太陽回歸盤般，始入盤可能若干年未顯示多少值得一提的事件。但是當大陵五落在天頂或入陷的土星在始宮的情況突然出現時，始入盤便會表明一些值得關注的事情即將發生。這也標誌著，今年需要以其他相關的世運盤為框架作進一步研究，如蝕相、大會合，從而了解即將發

生的事情。

　　與此相關的一個好例子，就是美國華盛頓特區在 2005 年的牡羊座始入盤。只要看一眼便令人極其沮喪。令人討厭的逆行土星在靠近天底的位置，並入陷於巨蟹座，清晰地描繪了固定架構將要面臨的崩壞。整個國家都將為此震驚，土星在始宮有很強的偶然尊貴，而始入盤中主管第十宮的土星從高處墜落到星盤最低點，強調了崩塌的概念。此類星盤通常指向真正的大災難——當然並不是每次龍捲風或洪水都會透過國家始入盤顯示出來。

　　因落在天底這個重要的位置，土星有時會被稱作年主星（Lord of the Year），再加上它落在北河二——逝去的兄長，這並非正面的

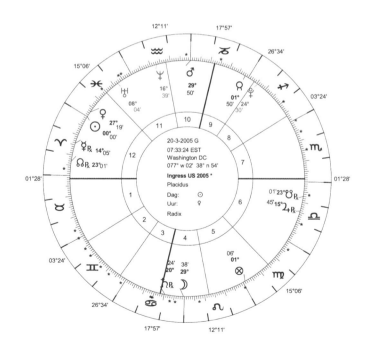

跡象。巨蟹座的水象本質暗示事件可能涉及水。如果涉及自然災害，則可能發生洪災，但你無法從星盤中區分這屬於自然災害還是其他災害。土星落在巨蟹座可以代表很多事情，它也可能指向恐怖襲擊。然而，這裡有更多水災跡象，因在上升點可找到在鯨魚座的奇異的芻藁增二（Mira），一顆在古典文獻中未被提及的恆星。它與大陵五相似，重複著逐漸變暗後又突然爆發的過程，如同一個永恆的蝕相，極為凶險。而這頭海怪與淹沒土地的水災有莫大關連，此跡象被旁邊仙女座的奎宿九再次重複，安德洛墨達公主被綁於海浪的岩石上，受到鯨魚威脅。

星盤上還有更多洪水氾濫的跡象，始入盤上火星及月亮的對分相進一步顯示出這種張力。火星落在天鷹座的一顆小恆星上，且在天頂上有織女一——天琴座的明亮主星。這似乎不致於令人沮喪，直至發現天琴座與天鷹座都與禿鷲相關，一隻向上飛（天鷹座），一隻降落（天琴座）。這描繪出另一幅圖畫，尤其是織女一有自己的暗黑面，但這在文獻中未被提及。當然，這些跡象必須以星盤作背景來逐步論斷，而其中一個跡象，就是始入盤的第一宮主星——金星，落在代表苦難的第十二宮，且將要行進至入陷位置（譯註：金星約 3° 後進入牡羊座）。這也是個帶來威脅的暗示。在 8 月 29 日，卡崔娜颶風襲擊了紐奧良，導致堤防瓦解，洪水氾濫。

因輕鬆的南部氣氛、創意的音樂場景及華麗的狂歡節而被稱為「忘憂城」的紐奧良，它的城市盤也有令人不安的跡象。在這張星盤的上升位置，木星入旺於巨蟹座，從占星學角度看，便立即清楚這座城市為何獲得此暱稱，但即使是顆漂亮的木星，在星盤中也有它的缺點。它主管不幸的第六宮，並與逆行的土星形成緊密四分相，入旺的土星雖有力，卻受木星的負向容納所傷害。這個城市需

要堤防來保護，以免受到周圍海水的影響。而這個相位卻帶來更大
的威脅，尤其木星在巨蟹座象徵著可怕的迅猛水勢，而土星的能量
因逆行而被削弱。

　　在天頂的金星對應音樂創作，落在仙女座的壁宿二上，此天文
星座與藝術緊密相關，但仙女座的故事也跟具破壞力的海怪捆綁在
一起。其陰暗面在這裡突顯出來，因金星入陷，且位於星盤高處，
對星盤及城市有著巨大影響力，這肯定會產生不愉快的結果。土星
為 2005 年美國始入盤的年主星，亦是引發麻煩的主因，正好落在紐
奧良市星盤的上升位置，因此土星的結構會在巨蟹座的洪水中坍塌，
其影響在此處倍加強烈。當然，我們具有事後洞察的巨大優勢，知道
什麼事情發生在何處，但我們需要認知到，世運占星學總是源自當地

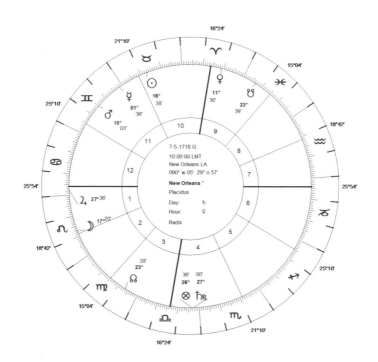

（宮廷）占星師的視角，紐奧良市的占星師會將令人不安的國家始入盤配對城市盤，並結合他們對當地的認識做出考慮。占星師無法預測整個世界，也無法提及下一次地震或洪水將襲擊的地方。但國家始入盤配對城市盤可用作檢查你的國家或城市今年是否安全，給你一個可行且有效的占星學框架。

在洪水氾濫時，以城市盤進行的次限推運法也很重要，我們清楚地得知一些戲劇性的事情將要發生，因接下來即將出現的是推運的新月。由於月亮為代表城市本身的第一宮主星，新月的影響將比平時更為強大。與此同時，2005 年的紐奧良城市次限推運盤的天頂四分城市盤的土星，對分城市盤的木星，代表發生洪水的可能性及堤防破裂的風險。緩慢的推運木星在處女座且逆行，力量異常虛弱，這是值得注意的，可以加入太陽回歸盤所發現的跡象中。太陽回歸盤的上升點落在可怕的死亡之星心宿二，本命的第八宮主星土星在回歸盤的第八宮，亦是城市本命盤的上升。而落在鯨魚座恆星上表現為凶性的金星，其映點落在回歸盤的天頂。

要找出災害在年中發生的準確時間，便要使用月亮回歸盤，因月亮回歸盤通常不會太難以察覺。如果有事情將要發生，它將清楚地指示發生的月份。在此案例中，8 月 5 日的月亮回歸盤覆蓋了整個災難時期。四顆在第十二宮的行星與木星形成相位，而木星正是回歸盤中的死亡主星，落在具有凶性的南交點上。頗具傷害力的火星入陷，以映點會合回歸盤的上升點。來到分析的最後一部分，我們會用到過運法，這最多能用來找出時間發生的日期，且僅適用於較大規模的預測框架內。在 8 月 29 日，過運的金星與南交點在城市盤的天頂，四分過運的月亮，而過運的天頂也擊中了城市盤的土星。一位當地的占星師若有密切關注天氣預報，並分析了這些星盤，也許可以及時離開紐

奧良。重要的是，以上所有星盤都以美國 2005 年的始入盤為基礎，假如沒這張盤，如此規模的災害並不會發生。

暗黑的擇時 —— 比蘭德拉國王（*King Brirendra*）的加冕

在當今，尼泊爾是少數幾個每逢重要決定或規劃皇室活動時都會向占星師咨詢的國家之一。所以尼泊爾國王比蘭德拉加冕的星盤很有可能是一張擇時盤，但它卻是不尋常的一張星盤。也許國王被他的占星師所欺騙了，他們故意選擇了有問題的星盤，又或者那些占星師對此毫無概念。任何具有一定知識的占星師，都會立即拒用這個擇時盤來進行加冕典禮，因上面有太多明顯的缺點。是的，第一宮主星火星在第十宮明顯具有力量，但卻被該位置的狗國四嚴重削弱，此星雖為六等的微弱恆星，卻與宿命般的事件有關。

天頂是星盤中能量最顯著的位置，與其對分的是極令人生厭的第十宮主星土星，既入陷又逆行，落在大犬座的天狼星，這表明王權將反過來以嚴酷的方式對付國王。實際上，比蘭德拉國王和其他王室家庭成員一同被自己的兒子殺害。月亮在象徵子女的第五宮的宮始點，落入被視為第二個大陵五的可怕鬼宿星團——「積屍氣」，它清晰地顯示出這種下場。這似乎尚未足夠，火星透過映點落在具強化性的北交點，但北交點也落在心宿二——臭名昭彰的死亡之星落在死亡之宮。此外，在上升位置還有鯨魚座駭人的天倉四，為難得的一顆具純土星特質的恆星，與混亂、暴力和意外事件相關。

　　明亮的織女一位於天頂，這顆星經常獲得正面的描述，但天琴座也是「降落的禿鷲」。這顆主要恆星已不是第一次表現出險惡的一面。在如此災難性的弱勢擇時盤中，這一面就更有機會發生。禿鷲以屍體為食，如果星盤的整個境況允許，就會令事件如字面般呈現。這代表你未經進一步測試前，不應使用程式或文獻中的恆星解說。所有負面的跡象被人馬座面前凶性的雲狀恆星建二再一次強調，該雲狀恆星距離天頂僅 16'，意味著人馬的弓箭射向錯誤的方向。

　　太陽作為王權的自然徵象星，在加冕典禮的擇時盤上應為強大的，而實際上它的確位於明亮的天津四——天鵝座上極為正面的恆星。但這隻可愛的鳥很難說是強而有力的政府形象，反而與藝術活動更為相關。這並非我們所需要的，而且太陽在推運下會很快進入第十

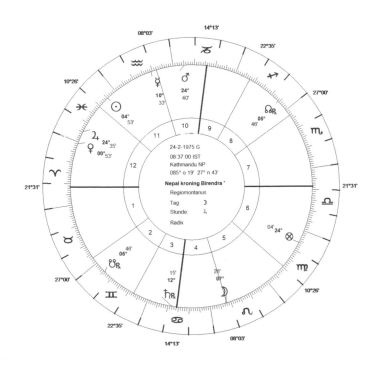

二宮,這在擇時占星上並不明智。木星在此星盤上是極強的,與落在第十宮的第一宮主星火星成六分相,但其吉性影響卻因落在代表苦難及自我破壞的第十二宮而受阻。擇時占星師本可以用非常簡單的方式來大幅改進,只要將太陽置於上升點這個強力位置,土星便不會落在天底,強大的木星也就成為第一宮主星,而天倉四也不會落在上升位置。這看起來好多了,只要將加冕典禮推遲大約一小時便可實現。

會不會是有人刻意濫用占星學,故意選擇傷害國王的擇時盤?雖然聽起來不太可能,但是另一個解釋只能是,宮廷占星師真的不知道自己到底在幹什麼。以擇時盤為根據進行次限推運,便能清楚看見命運來臨的時刻。當王儲狄潘德拉於 2001 年 6 月 1 日殺害家人,推運的上升點正移動到大陵五,而月亮正對分那落在可怕狗國四的火星。甚至有可能國王的敵人根據占星學來選擇了殺戮的時間。如果相關的各方足夠重視占星學,以擇時占星進行這場黑暗的策劃也是極有可能的。

危機的大會合 ————————————————————————

此星盤表明近年來歐洲嚴重經濟危機的根源,也揭示了如果不使用恆星,你就無法解讀世運占星。這個大會合的星盤(以布魯塞爾作為歐洲的首都計算)涵蓋了二十年(2000 至 2020 年),大會合的度數落在大陵五上,同時亦位於對應死亡的第八宮的宮始點,代表結束及他人的錢財。再加上七顆古典行星中的六顆都落在此凶宮,表明

會出現麻煩，只有月亮不在第八宮內。要注意的是，星盤內七顆古典行星並未跟外行星形成相位。就容許度而言，冥王星與太陽及火星的相位太寬了。然而，這不代表外行星並不重要。在世運占星學中，有一些例子明顯地展示出你只需將外行星視為恆星般的因素，與七顆古典行星的層級並不相同。

當然，這個大會合的度數在世界任何一方都落在大陵五上——這是一場世界性的危機——但只有歐洲才落在第八宮的宮始點，令歐洲成為焦點。亦只有在歐洲，大會合的映點剛好落在天頂上的凶星鬼宿四，極為靠近鬼宿星團。因此，我們將大陵五的引人矚目的斬首與「巨蟹之心」的破碎混亂互相結合，形成一對險惡的組合，它們是天空中最凶險的兩顆恆星。危機顯然將集中在歐洲，舉例來說，若以華

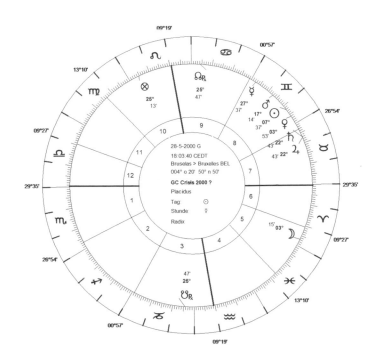

盛頓特區計算出大會合星盤，單單只有大陵五落在天頂，情況雖然惡劣，但程度絕對比不上大陵五與鬼宿星團的結合。因此，儘管危機始於美國，但情況卻不如歐洲般嚴重，而中國將表現為最好，因在北京的星盤中，大會合與大陵五的角度移動至第三宮某處，並非始宮。因此，某個國家的經濟發展狀況並不是政策制定的結果，相反，政策是占星示現的結果。

驢子星以及它們的「飼料槽」鬼宿星團引起一些更具技術性的問題。天頂位於獅子座 9°19'，鬼宿四在 8°43'，鬼宿三在 7°22'，而鬼宿星團在 7°12'，土木大會合的映點則在獅子座 7°17'。行星的映點通常會受到位於該點的恆星影響，但是以影子的方式，即影子本身並不能影響與其形成映點的恆星。因此大會合的映點呈現在天頂位置會表現得像大陵五一樣，而非像鬼宿星團那樣。但這並不會減輕這件事的凶性，因大會合的映點在容許度內會合天頂，令大陵五的影響加倍。

然而，哪顆恆星落在天頂呢？純粹從技術上來說，它最靠近的是鬼宿四，但對於鬼宿星團般強大的雲狀星團，容許度會大於常用的 1°，當然是因為這全發生在尖軸上。於是在這種情況下，落在獅子座 7-9° 的整個驢子星及飼料槽區域均極為凶險。在附錄 A 中一併給出了驢子星的關鍵字，它們並不比鬼宿星團的傳統關鍵字來得溫和。這裡整個天文星座都與混亂、導致死亡及分裂的暗黑力量有關，伴隨著事實的扭曲、不和及嚴重不幸。其影響可以在整個驢子星的範圍內感受到，但在 7°12' 空無一物的「飼料槽」處是集中點，越接近此處便越有戲劇性事件發生。在更多的例子中，恆星非常緊密地結合在一起，且屬於相同神話，此時你可以將神話作為中心故事，並將單個恆星看作是故事內容的強調。

在這個大會合盤中，另一些行星位置看起來未帶來什麼希望。第一宮主星金星落在畢宿星團——會讓良好意圖遭受挫敗的雲狀星團。畢宿星團為悲傷的昴宿星團同父異母的姊妹。畢宿星團的姊妹都是酒神的乳娘，儘管在他的成長過程中投入了大量精力，卻無法令他遠離酒瓶，這對處於危機中的歐盟來說相當吻合。金星透過映點落在北交點令事情更糟糕，因北交點帶有極端化的特質，會令任何在此的因素發揮更強大的負面或正面影響。與金星形成六分相的月亮是唯一不在與死亡相關的第八宮的行星，落在鯨魚座的土司空上，為純土星特質的恆星，與強制性的改變、不幸及以殘暴的自我毀滅有關。

主管第二宮金錢的火星為外來的，能量不足，落在第八宮的參宿七，為獵戶座強大的一等星。它帶來成就，但不會持久。參宿七為傲慢獵人的左腿，獵人因一連串成功而過於自信，最後被天蠍螫死，對應了這裡的故事。歐洲可曾有人想過這樣的崩潰和危機會來臨？第十宮主太陽落在畢宿五，即公牛的紅眼，一顆帶來巨大物質成就的恆星。這可被視為星盤中難得正面的一點，但它沒有得到太多偶然尊貴的力量，且作為一個純物質的恆星，它並不會促進和諧。

月宿作為整幅圖畫的點睛之筆。這是翅膀月宿，是飛馬座的第二個月宿。神話以柏勒洛豐的故事為中心，他企圖擅自闖入奧林匹斯山，最後卻悲劇性地墜落。與之前的第一個代表墜落的飛馬月宿相反，除了墜落的主題，此月宿也有靈性的意味——為追求更有價值的事物必須放棄物質成功。這只有在你明白前因後果時才合理。星盤的輪廓由各種指示逐步建立，直至一切就緒。要做到這一點，你還需要了解客戶的個人生活中發生了何事，又或者在世運占星學中，你所考量的世界，其政治和經濟是如何呈現的。

大會合星盤顯示出在 2000 年至 2020 年期間，某些令人痛苦及不愉快的事件將會發生，尤其在歐洲。多種世運占星方法可用來判斷危機發生的年份：例如用羅馬條約作為歐盟盤，進行推運及太陽回歸盤。另一個可行的方法，就是用大會合盤作為這二十年時期的本命盤，再分析大會合盤的太陽回歸盤。首個經濟危機跡象呈現在 2008 年，的確，用 2000 年大會合的星盤所起的太陽回歸盤中，該年的上升點剛好落在大會合上，其映點則落在天頂的大陵五及鬼宿星團，即上述的危機發動器，而且惹人生厭的土星入陷在第一宮。

鐵達尼號（Titanic）沉沒 ————

在研究船隻及船難相關的星盤時，一個準確的本命盤會幫上大忙。在某些案例中，可以得知一艘船的建成日期，而通常我們都能得知一艘船在災難發生前的出發時間。這些星盤確實充滿趣味，但最好使用船隻始建那天的日出盤。在網上可以找到大量船隻的這類相關資料，而約翰·弗勞利亦指出此法可行，正如以下的鐵達尼號案例。

鐵達尼號的星盤，我們以貝爾法斯特（Belfast）為地點，1909 年 3 月 31 日，5 時 42 分 20 秒來計算，這可被視為船的本命盤。如果此方法適用，解讀將會相當明顯，因這是一場神話般的船舶失事。鯨魚座及仙女座的某些恆星與一些凶星共同扮演重要角色。

這張日出盤鎖定的是死亡而不僅僅是一點威脅，因我們正研究

的是船難。要令船在海水中保持乾燥,需要一顆良好有力的土星,但土星在盤中入弱於牡羊座,會合太陽。在日出盤中,太陽理所當然會合上升,但在這案例中,土星主管第十二宮,代表傷害自己的蠢事。該船的防水艙,本應防止船隻沉沒,卻未在突發情況時發揮作用,成為日後為人垢病的原因之一。這些不當的隔層旨在取代當時造船業使用的昂貴的雙層蒙皮,但現在看來已經過時了。這完全符合了土星,代表皮膚的行星入弱,而作為第十二宮的主星,這包含了自我毀滅的元素。

在雙魚座的水星入陷且入弱,是極端地無力,這在星盤中非常明顯。它是第三宮的主星,其映點也落在下降點。船上的救生艇根本不夠用,大多數受害者均死於冰冷的海水。如果有足夠的救生艇,死亡

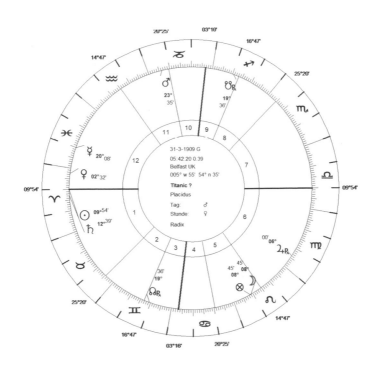

人數將會大幅減少，因此這個又弱又凶的第三宮主星，在這個戲劇性的事件中扮演重要角色，由它的映點在尖軸的位置（下降點）所指示出來。此外，下降點也落在凶恆星太微左垣四，與之相關的意象是傲慢地高估自己的能力，以及在實際掌握之前就認為自己具備做某事的知識——這顯然是設計的問題。第一宮主星火星入旺，雖然人們對這個人類才智的奇蹟充滿期待，但火星落在被稱為宿命之星的恆星狗國四上。

月亮三分上升點，落在鬼宿四上，其中的驢子為眾神騎乘以對抗泰坦——正是船的名字。這顆驢子星屬於凶險的鬼宿星團，亦被稱為安息之處，你並不想在船的星盤中看見它們。在上升位置附近有許多仙女座的恆星，而仙女座是海怪或鯨魚想要吞噬的靈魂少女。壞脾氣的波塞冬派出鯨魚，因安德洛墨達的母親卡西俄珀亞一直吹噓自己的女兒比波塞冬的僕人還漂亮。你應該已經聽過鐵達尼號的建造者談論著他們永不沉沒的寶貝，這是對強大海神波塞冬的公然挑釁。當鐵達尼號船長愛德華·史密斯（Edward Smith）說：「連上帝也無法擊沉這艘船」，波塞冬肯定會密切關注它。

第十宮主星土星落在仙女座頭部的壁宿二，上升點上有天倉二，一顆在海怪尾巴上的恆星。第七宮主星金星入陷在悲傷的第十二宮，落在土司空上，也是尾巴上的恆星。作為第七宮主星，金星代表乘客、船隻的合夥人或客人，他們全都處於劣態。這種對尾部的強調，直接指出了鐵達尼號在巨浪中露出的船尾，以及音樂還在演奏時海怪入侵的畫面。這一切都通過仙女座來表明，因它是個與藝術有緊密關聯的天文星座。這樣的案例中，神話主題會以很具象的方式呈現，而恆星則會有多層面的解讀，明顯並不止於靈性層面。

　　如此多的危險因素匯聚於此，應該立刻終止這艘船的建造！星盤大叫著「悲慘」，悲慘應聲而至，對船舶構成威脅，甚至日出盤的太陽回歸盤也指向於此，證實了這種方式不僅僅是創造性的想法。在太陽回歸盤中，火星及本命盤的第一宮主星剛好落在死亡之宮第八宮的宮始點，其映點落在本命盤（日出盤）的天底（沉沒在那裡），而太陽回歸盤的上升點也剛好在日出盤（本命盤）的第八宮的宮始點。月亮在星盤中的高處，亦是太陽回歸盤中代表死亡的第八宮的主星（譯註：原文如此，在以象限制畫出的星盤中存在雙宮主星的概念），落在日出盤的土星的映點上。太陽回歸盤中代表乘客或賓客的下降點，正好落在大肆屠戮的大陵五上，也落在日出盤月亮的映點上，位於前文提到的安息之處。既然情形這般恐怖，讓我們推遲這次奇妙的美國之行吧，即使船票如此便宜！

　　如上所述，這方法的確有效，不只鐵達尼號的本命盤暗示出危險，連太陽回歸盤也不容置疑。它們足夠清晰明了——你根本不用花太多心力去找出死亡跡象。這開啟了占星研究上的新領域，在欠缺事件確切時間的情況下仍可使用星盤做分析。例如，這個技術也可沿用在航空或航天旅行領域。

　　看看鐵達尼號的姊妹艦——奧林匹克號（Olympic）的本命盤，將兩者比對也會相當有趣。奧林匹克號在較早的九個月前，於貝爾法斯特的同一造船廠中製造。此星盤明顯不太好，南交點恰好落在上升位置，而致盲的凶性天蠍座 M6 疏散星團及入陷的土星透過映點會合月亮。在奧林匹克號的第五次航程上發生了一次嚴重事故，乘客進入救生艇而獲救，但事故僅此而已——奧林匹克號並未重複如鐵達尼號星盤上的重重苦難。星盤內沒有太多海怪，所以波塞冬也不會來打擾。在鐵達尼號的災難後，奧林匹克號在技術上進行了轉變及提升，

服役多年也不再出現問題了。

　　然而，令人震驚的是奧林匹克號的第三宮受到刑剋的程度。土星入弱於牡羊座，接近第三宮的宮始點，落在海怪之尾土司空，透過映點會合月亮。第三宮主星火星入廟於天蠍座，能量強大，卻落在氐宿一——天蠍的鉗爪上，一顆強大卻頗具凶性的皇家恆星，亦被稱為「不對等的代價」。這代表奧林匹克號會有一個著名的姊妹落入重大的麻煩之中。即使用奧林匹克號的本命盤，在鐵達尼號沉沒那一年繪製出太陽回歸盤，第三宮主星火星也逆行在第三宮的宮始點的大陵五及死亡之星心宿二上！因此姊妹艦的沉沒，也清晰地呈現於奧林匹克號的星盤中。這個時刻，讓我們對宇宙充滿敬畏。這闡明了占星學背後的終極動機，一次又一次示範「天上如是，人間亦然」，人類無法

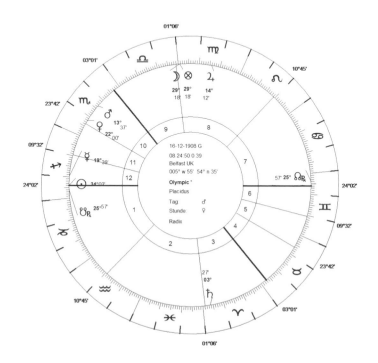

建立出一種幻像，以為自己能主導生命或歷史，這是一種很謙卑的經驗。順便一提，你根本不需要用到占星學，也能選對要登上奧林匹克號還是鐵達尼號，名稱就是預兆了！

　　在每個星盤中，我們可以使用特殊點來對基本的星盤解讀加入更多資訊。對船隻而言，航海點是最相關的。值得留意的是，其公式為：上升＋巨蟹座 15° －土星，象徵著土星在開創性的水象巨蟹中提供乾燥及保護。在鐵達尼號的日出盤上，這個特殊點落在巨蟹座 12°14'，位於明亮凶惡的天狼星上，也同時會合——終於到他出場——海王星，這顆像恆星般的要素與波塞冬的驚人洪水相關！此特殊點也跟上升點的可怕土星形成緊密的四分相，代表那「並不能真正防水」的隔間。

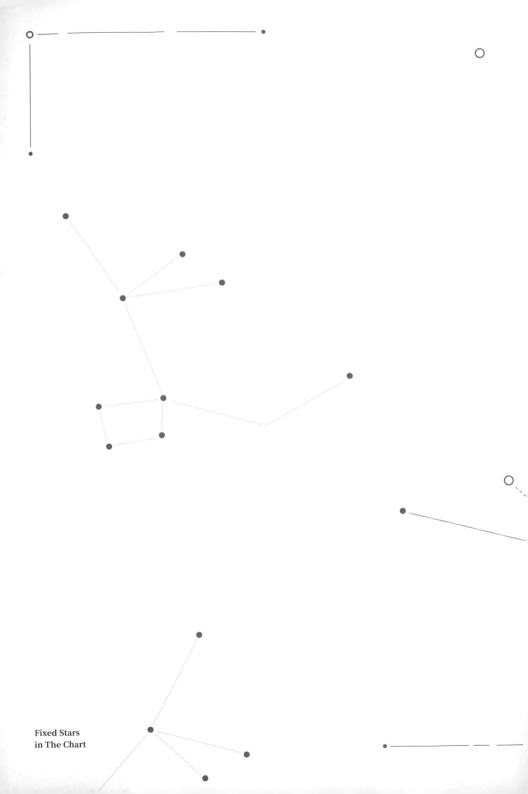

Fixed Stars
in The Chart

———— •••● **附錄 A——各恆星之關鍵詞列表** ●••• ————

　　此列表僅用於進一步闡明恆星對生命的影響。快餐式的占星學解讀，或是它的經典表現形式——「警句式占星學」——片面地引用星盤當中的「法則」，這些都應避免。關鍵字只是更大更完整的圖畫中的一小部分，儘管通過關鍵字的詮釋，一顆恆星的全貌和對它的理解會更清晰，但還是不能將關鍵字視為隨時套用的文本模板。

　　此列表改編自《占星學的恆星與星座》（*The Fixed Stars and Constellations in Astrology*）中的關鍵詞，此書在二十世紀二十年代由薇薇安・羅布森（Vivian Robson）所著，當中包含大量有趣的資訊，但並非有效地應用恆星的方法。這本書像網際網路般載有大量數據，卻沒有架構性的知識。請謹記不要從字面上理解這些關鍵字，顯然不是每顆恆星都會殺死你，將你困入監牢或致盲。在大多數情況下，我們顯然需要更具象徵意義的解釋。

　　天關——公牛的南角便是一個好例子。公牛性感而狂野，而牛角是身體最不平和的部分。南方是黑暗的一面，因此事故、放蕩和暴力等關鍵詞確實是個貼切而具體的形容。在 75％的事例中，很容易看出為什麼這些關鍵字會與恆星相提並論（它們可能源於其行星性質、神話本質及恆星名稱）。至於另外不太明顯的 25％的事例確實有趣，因為它將激發我們進一步思考恆星及其本質。

　　水委一（Achernar）：公職上的成功；仁慈；宗教；被篡奪的危險；高估自己的權力。

十字架二（Acrux）：宗教慈善；禮儀；正義；魔法；神秘。

柳宿增三（Acubens）：惡意；毒藥；謊言；犯罪。

天蠍座 M6 疏散星團（Aculeus）：失明。

天蠍座 M7 疏散星團（Acumen）：失明。

軒轅十一（Adhafera；火葬）：自殺；毒藥；腐蝕性酸；液態炸藥；液態燃燒劑；說謊；偷竊；犯罪。

馬腹一（Agena）：地位；友誼；精緻；道德；健康；榮譽。

會合太陽：心理活動；急躁；成就；許多友誼。

會合月亮：嘲諷；苦澀的言論；強烈的熱情。

會合水星：強大的心智能力；諷刺；說話；寫作；群眾擁護。

會合金星：詩意；強烈的激情；與女性的輕率友誼。

會合火星：法律權威；作為演講者或作家的榮譽；強大的身心。

會合木星：知識成就；法律或教會權威；專業榮譽。

會合土星：體貼；精明；與醫務人員來往；治癒能力；出其不意的舉止；神秘主義；因嫉妒而造成家庭不和。

輦道增七（Albireo；垂死天鵝之歌）：俊朗外表；整潔；可愛的性格；處於絕境卻不失仁慈之心。

昴宿六（Alcyone；中心點、奠基石）：愛；卓越；因發燒而致盲；天花和臉部意外；另見昴宿星團。

畢宿五（Aldebaran；追隨者）：智力；榮譽；口才；毅力；正直；受歡迎；勇氣；兇猛；煽動叛亂；主管的職位；公眾榮譽；通過他人獲得的權力和財富，但其益處很少持久；暴力和疾病的危險。

會合太陽、月亮、天頂或上升點：通過暴力帶來的困難及傷亡而獲得極大榮譽。在天頂：榮譽；晉升；好運；受益於女性。

會合太陽：精力旺盛；毅力；物質上的榮耀但伴隨失去的危險；因爭吵及法律而產生的危險；以身敗名裂和恥辱結尾的榮譽與財富；容易患病；發燒和慘烈死亡。

會合月亮：有利於商業；伴隨災難的榮耀及信譽；有利於家庭、宗教和公共事務；慘烈死亡的危險。

會合水星：影響健康和家庭事務；通過水星的事物獲得聲望；物質收益；許多博學的朋友。

會合金星：通過文學、音樂或藝術獲得榮譽；創造力；有利於健康及婚姻。

會合火星：軍事上的大躍升，伴隨巨大的危險；容易發生意外、發燒及慘烈死亡。

會合木星：教會中的巨大榮譽；軍事上的大幅晉升。

會合土星：巨大苦難；奇怪的思維；極度邪惡；諷刺；口才；良好記憶力；好學及離群，法律方面的才能；家庭事務和物質上的成功；因善變的朋友而蒙受損失。

壁宿一（Algenib；翅膀）：臭名昭彰；恥辱；暴力；不幸；乞丐。

會合太陽：精神障礙；發燒和身體欠佳；發生事故的危險。

會合月亮：不誠實；因醜聞而蒙受損失；被流放或被迫逃走；身體欠佳；因寫作而引起麻煩。

會合水星：脾氣暴躁；精神錯亂；法律訴訟或其他糾紛上的成功。

會合金星：慷慨；驕傲；脾氣暴躁；不良道德；飲酒或惡劣習慣；有利於財務。

會合火星：身體及思維敏捷；說謊；竊盜；發生事故的危險。

會合木星：虛偽；財務上的成功；真實或虛假的宗教熱情。

會合土星：大量敵人；成功；獲有權勢的朋友和有影響力的親戚暗中幫助；道德不良。

軒轅九（Algenubi；撕裂）：誇張的；勇敢無畏；殘酷；無情；野蠻的破壞性；藝術鑑賞力；表達能力。

大陵五（Algol；堆積的屍體，惡魔的頭顱）：不幸；暴力；斬首；吊死；觸電；騷亂暴力；頑強的暴力本質；死亡；迷人的吸引力和極度誘人的美麗。

在天頂：謀殺、猝死、斬首、惡作劇；如會合太陽、月亮或木星：在戰爭中獲得勝利。

會合太陽：劇烈死亡；重病。

會合月亮：劇烈死亡；重病。

會合火星：謀殺；死亡。

軫宿三（Algorab；烏鴉座）：破壞；惡意；殘酷；說謊；清除。

天關（Al Hecka；車夫）：暴力；惡意；意外。

會合太陽：疑心；沉默寡言；好學；不利於健康（尤其是肺部）；在軍工企業上具有天賦，同時有被伏擊及被騙的危險。

會合月亮：爭吵；惡習及不良的同伴；墮落。

會合水星：脾氣暴躁；自私；貪婪；揮霍；法律和商業上的困境；健康不良；家事煩惱；與妻子或孩子分離；缺少同伴；財產損失；貧窮。

會合金星：不幸；缺少同伴；環境惡劣。

會合火星：道德敗壞的朋友；不良習慣；性愛問題；火星－金星型的煩惱。

會合木星：虛偽；揮霍；業務損失及恥辱。

會合土星：不受控制的激情；酗酒；放蕩；變態的天才；創作不受歡迎的文學作品但聰明的作家；身處奢華環境卻財富有限；臨終時被孤立或幽禁；家庭的不愉快；如果火星受剋則會發生事故。

井宿三（Alhena；烙印）：藝術上的傑出表現；腳部容易因意外受傷。

會合太陽：自豪；好吃懶做；奢華；愉悅。

會合月亮：健康良好；榮譽；財富；享樂；自社會、家庭中獲益。

會合水星：受歡迎；從異性身上獲益；具有音樂及藝術才華但欠缺名氣；家庭和睦；生意受到享樂和交際帶來的不利影響。

會合金星：物質上的關注；對服飾的熱愛；享樂與奉承；藝術和音樂才能。

會合火星：本性膚淺；喜好享樂；輕鬆；奢華；裝飾；炫耀。

會合木星：社會上的領先成就；哲學思維；熱愛炫耀。

會合土星：謹慎；保守；好學；在科學或藝術上表現卓越；家庭不和；兒科疾病；意外損失，但也有致富的可能；生命末期健康不良。

軒轅十二（Algieba；前額）：大量危險；損失；暴力；行為放縱。

天大將軍一（Almach）：榮譽；傑出；藝術才華。

參宿二（Alnilam）：短暫的公眾榮譽。

會合太陽：輕率魯莽；剛愎自用；脾氣暴躁；若落在天頂：軍事上的升遷及收穫。

會合月亮：許多突如其來的損失及顛覆；對朋友有很大幫助；家人的健康不良。

會合水星：草率；脾氣暴躁；與伙伴吵架；因自己的行動造成家庭不和。

會合金星：戀愛引起的困擾；醜聞；女性敵人。

會合火星：爭吵；訴訟中損失；家庭不和諧；健康不佳；劇烈死亡。

會合木星：法律上或教會中獲升遷，但有蒙羞的風險；因投機而蒙受損失；因親戚和外交事務造成麻煩。

會合土星：有禮貌；家庭不和諧；早年離家；成功但伴隨意外損失；有利於健康。

星宿一（Alphard；九頭蛇之心）：智慧；音樂和藝術欣賞；對人性

本質的認識；強烈的激情；缺乏自制力；不道德；使人厭惡的行為；因溺水、中毒、窒息而猝死。

在上升點：大量麻煩；因房地產及建築物而導致焦慮和損失；沉迷於女性及過度放縱。

會合太陽：力量和權威，但因自己的行為及敵人而受苦；喪失地位和榮譽；被敵人征服。

會合月亮：慾望；放蕩；揮霍無度；計劃失敗，但通常從親戚身上獲得經濟援助；發生在妻子或母親身上的不幸；最終出現的恥辱和毀滅；窒息死亡的危險。

會合水星：寫作引起的麻煩；不利於婚姻；因狂熱的依戀而引起痛苦，使生活徹底改變。

會合金星：受親戚反對的狂熱的愛慕；英俊；受異性仰慕；有利於收益；如果是女性，則會因戀愛而悲傷。

會合火星：因愛情引起的麻煩和醜聞；對已婚者的依戀；分娩不利，容易流產及與孩子一同死亡；嚴重事故的危險；如果刑剋發光體，則可能因溺水和中毒而死。

會合木星：強烈的激情；獲利；對寡婦或離婚男人的依戀；容易蒙羞；法律上的麻煩及司法判決。

會合土星：擁有強烈激情卻表現冷酷；謹慎；不輕易發怒；秘密而短暫的戀愛；不利於收益；家庭不和諧；被毒殺的危險。

貫索四（Alphecca）：榮譽；高尚；詩歌和藝術方面的才華。

會合太陽：頭腦活躍聰明；唯利是圖；容易牽涉醜聞但不會影響

職位。

會合月亮：公眾榮譽及尊貴；因法律、合夥人和鄰居而受苦；因與敵人暗中交易而遭受麻煩，但最終會戰勝他們；不利於愛情；忠實的朋友；受到金星和水星型人物的高度評價。

會合水星：頭腦比身體活躍；有些懶散；受益於朋友；奢侈卻在小事上節儉；因敵人而蒙受損失。

會合金星：有利於戀愛；受益於朋友；藝術和音樂品味。

會合火星：頭腦活躍；當作家勝於演講者；不利於收益。

會合木星：榮譽及尊貴；藝術才華；通過教會事務受益；有利於物質收穫。

會合土星：勤奮好學；受歡迎；節約卻清貧；受益於長者；強烈但受控的激情；不良體魄；對愛情失望，但會跨越自身階層成婚；少子，但與孩子關係融洽。

壁宿二（Alpheratz）：獨立；自由；愛；財富；榮譽；敏銳聰慧。

會合太陽：榮譽；升遷；受別人的青睞。

會合月亮：充滿活力；恆心；榮譽；財富；許多好友；商業成就。

會合水星：頭腦活躍；受益於法官、律師或教會人士；在開拓性工作上表現傑出；被指自私；撰寫有關科學、宗教或哲學的著作。

會合金星：外表整潔；寧靜生活；健康體魄；對享樂和交際情有獨鍾；投機上的幸運。

會合火星：敏銳的頭腦；充滿活力；通過自己的努力取得商業成就。

會合木星：哲學和宗教思想；受益於專業人士；教會的榮譽及尊貴身份；有利於收益。

會合土星：開放、友善卻吝嗇；尋求人氣；為達商業目的而假裝信奉宗教；受到神職人員和律師的青睞；致富的可能；家庭和睦；易患頭部疾病、致命的腫瘤。

右更二（Al Pherg；堤豐之首）：萬全準備；穩定；最終的成功；決心；命中注定；最後的機會；可怕的聲音。

河鼓二（Altair；宙斯之鳥）：無懼；自信；英勇；堅強；野心勃勃及自由的本性；巨大、突然但短暫的財富；統帥地位；當事人會因殘殺而感到罪疚；爬行動物帶來的危險。

會合太陽：公眾榮譽；臭名昭彰；獲上級寵愛；許多朋友，另有一些嫉妒你的人通過寫作造成麻煩；健康上的不良和損失；被有毒動物咬傷的危險。

會合月亮：對奇怪而古老的發現感興趣；失望；財產損失和收益；利潤和升遷；化友為敵；因公司或公共事務而遇上麻煩；因孩子遇到困難或造成不幸。

會合水星：大量困難；不幸；奇異的經歷；對長途旅行感到失望；不利於夥伴關係；在特殊情況下失去親人。

會合金星：不利於愛情；奇特怪異的吸引力；不利於兒童與收益；因朋友而遭受損失。

會合火星：敏銳的頭腦；因朋友、社群及公司而遇上麻煩，但最終能獲益；為真理而戰。

會合木星：真誠或虛假的宗教熱情；虛偽；因法律和教堂事務而跟親戚產生麻煩；不利於收益；對繼承感到失望。

會合土星：悲傷和失望；因精神障礙而需要庇護或住院治療，可能死於院中；與家人和父母分離；發生事故以致於無法工作或終身痛苦。

心宿二（Antares；戰神的敵人，天蠍之心）：惡毒；破壞；自由；胸襟寬廣；邪惡的預兆；致命的危險；輕率；貪婪；固執己見；因頑固而毀滅自我。

在上升：財富和榮譽；暴力；疾病；難以持續的好處。

在天頂：升遷；好運。

會合太陽：虛假的宗教信仰；虛偽；榮譽和財富止於毀滅和恥辱；軍事上的升遷；背叛的危險；施展或遭受暴力；發燒與疾病；右眼受傷；劇烈死亡。

會合月亮：受歡迎；心胸寬廣；對哲學、科學或玄學感興趣；容易改變宗教觀點；具有影響力的朋友；有利於商業和家庭事務；活躍於地方事務；強大的權力、榮譽和財富，但未必持久；暴力、疾病、溺水或暗殺的危險。

會合水星：可疑；錯誤地指責朋友；不受歡迎；在企業中運用教會的影響力；緩慢而困難地獲得金錢；當事人及其家人有患病風險；在家中或外地的親屬死亡。

會合金星：不誠懇；不誠實；精力充沛；有能力但自私；不利於收入和健康。

會合火星：不良習慣嚴重影響生活；與親戚爭吵；頗有利於收益。

會合木星：強大的宗教熱情；真實或虛假；教會中晉升；虛偽的傾向；透過親戚獲得利益。

會合土星：唯物主義；因環境條件造成的不誠實；宗教上的虛偽；諸多的失望；因爭執和法律事務而蒙受損失；因敵人而陷入困境；大量失敗；受親戚阻礙；不利於家庭事務；為孩子帶來大量疾病，因孩子而悲傷。

大角星（Arcturus；熊的看守者；統治者）：財富；榮譽；高名望；自主；通過航行和航空獲得繁榮。

在上升：伴隨大量關愛的好運；因自己的愚蠢而焦慮。

在天頂：政府的高級職務；豐厚的利潤和聲譽；如果同時有發光體或木星，便會帶來巨大財富和榮譽。

會合太陽：通過緩慢而耐心的等待取得成功；與神職人員結成朋友；有利於獲益，以及與公眾和律師打交道。

會合月亮：新朋友；商業成就；良好的判斷力；家庭和睦。

會合水星：頭腦清醒；勤奮刻苦；受歡迎；宗教傾向；有點奢侈但富裕；獲朋友相助；在大公司或企業享有獲信任的職位，或在指導下獲晉升；有利於健康和家庭事務。

會合金星：受歡迎；來自朋友的禮物和好處；不真誠的同性朋友。

會合火星：受歡迎；許多朋友；收穫頗豐，但因揮霍浪費而無法保留。

會合木星：得益於法律和教會事務；具影響力的地位；虛偽帶來的危險；因外交事務或船運受益。

會合土星：誠實；自私；傾向於刻薄；商業上的精明；物質主義；有利於收穫、投機以及家庭事務，但早期的婚姻生活出現困難；對孩子有利，但與其中一位出現分歧。

周一（Armus）：令人不快；藐視；不穩定；無恥；抱怨；麻煩和愛爭論的本質。

斗宿六（Ascella）：好運及幸福。

會合太陽：好運；持久的幸福。

會合月亮：具有影響力的新朋友；有價值的禮物；被值得尊敬的女性所喜愛。

鬼宿三（North Asellus；巴蘭的驢子 [Balaam's Ass]）：耐心；仁慈；勇氣；英勇的抗爭領袖。

會合太陽：有利於跟公眾和有影響力的人士打交道；商業成就。

會合月亮：有利於物質上的成功；通過公眾地位獲得榮譽；獲得朋友相助；有利收益；頭部意外的風險；發燒；炎症疾病；心臟虛弱。

會合水星：經諸多困難而得到的權力及權威；微薄收益；大量支出；因寫作、抵押及債券而損失。

會合金星：驕傲；自以為是；獲得具有影響力的友人幫助；有利於收益。

會合火星：勇敢；慷慨；高貴；公正；權力和權威。

會合木星：巨大的收穫和有影響力的地位；得到教會成員的青睞，並通過教會事務獲益；從公共事務中受益。

會合土星：某程度的自我中心及唯利是圖；因敵人而損失；擔任高級公職，但最終因公眾譴責而引退；有利於獲益；堅持不懈的天性；因某個子女與當事人或伴侶產生了反感而導致家庭不和。

鬼宿四（South Asellus；母驢；安息之地；歸宿）

會合太陽：不利於跟公眾和有影響力的人打交道；商業上的困境。

會合月亮：身體欠佳；視力、聽覺或語言的障礙；不利於商業事務；失去朋友，以及因敵人而惹禍。

會合水星：精神上的折磨；大量憂慮和失望；貴重的文件被大火燒毀；儘管得到朋友相助，但對成功依舊不利；孩子帶來的困難。

會合金星：朋友帶來的麻煩；不利於愛情和婚姻；女人的仇恨；沉迷享樂和交際。

會合火星：能量；勇氣；不當地運用權力；微小的成就；被公眾厭惡。

會合木星：法律和教會上的麻煩；虛偽；不誠實；不真誠的朋友；被監禁的危險。

會合土星：不值得信賴；不光彩；道德低下；早年養成的不良習慣。

天倉四（Baten Kaitos；鯨魚之腹）：強制性流放；變化或移民；因武力或意外而不幸；沉船但獲得救援；墜落和打擊。

参宿五（Bellatrix；迅速毀滅；女戰士）：軍事或公職上的高度榮譽，但會突然失去名望；聲譽；財富；顯赫的朋友；容易因事故而造成失明或損傷。如在女性的星盤中很突顯：話多；潑辣；高音、強硬而尖銳的聲音。

在天頂：爭吵；仇恨；進行或遭受欺詐；偽造；詐騙；欺騙和偽證。

會合太陽：猶豫；多變；在商業上優柔寡斷；機械方面的才能；財富和榮譽，但最終破產；因事故而失明；疾病；嚴重患病；發燒或劇烈死亡。

會合月亮：奢華；慾望；虛榮的野心；浪費；毀滅；因事故而失明；疾病；嚴重患病，發燒或劇烈死亡。

會合水星：軍事上的成就；有利於友誼和社交事務。

會合金星：因奔放的感情而在戀愛中遭受很多痛苦。

會合火星：力量；精力；成功的士兵、外科醫生或金屬鍛造工人；容易發生事故。

會合木星：哲學和宗教思想；虛偽；可能很狂熱；法律上的晉升和極高榮譽，但有被誹謗的危險。

會合土星：僻靜而好學的生活；沉默寡言；體貼；因缺乏興趣而無法獲益；臨終時貧窮；經常單身；結婚者其伴侶可能早死；沒有子女。

參宿四（Betelgeuzs；巨人的腋窩）：軍事榮譽；升遷與財富。

在天頂：軍事上的大幸運；指揮；發明；創造力；有助於藝術和科學上達致完美。

會合太陽：對玄秘學和神秘事物的興趣和能力；急性疾病；發燒；榮譽和升遷，但終究會被毀滅。

會合月亮：思維活躍；意志堅強；動盪；在限制下反抗；軍事成就，但因與上級爭吵而受苦；有可能獲得巨大榮譽和財富。

會合水星：認真；好學；科學和文學；不利於獲益；通過金屬或雕刻金屬而成名。

會合金星：有點離群和內向；有能力成為高級裝飾品的製造者。

會合火星：謹慎；內向；良好的領導者和組織者；在軍事上獲榮譽和晉升。

會合木星：認真而好學的思維；精明和獲利的商業交易；在教會或法律中享有高度榮譽。

會合土星：精明；狡猾；奸詐不實；對朋友不忠；生活多變，起伏不定；最終富裕但並不感到慰藉；不利於家庭事務。

牛宿六（Bos）：如跟水星合相，聰明而具有洞察力的才智之人。

南門二（Bungula）：仁慈；優雅；榮譽地位；朋友。

會合太陽：嫉妒；自我中心；緩慢但帶來成功的進步；許多敵人；喪失繼承權。

會合月亮：受歡迎；廣交朋友；外交；隱秘的不良習慣；酗酒；捲入糾紛但能成功擺脫。

會合水星：善變；易動搖；挑剔；難以取悅；聰明；商業成就；因敵人而引起的內政問題；家族疾病；失望的野心。

會合金星：受歡迎；藝術及音樂才華；從朋友身上受益；戀愛帶來的危險。

會合火星：體能耐力；相當強大的心智；演講者或作家；微薄的聲望。

會合木星：教會或法律上的巨大榮譽和晉升；重視禮儀；在國外取得成功；有利收益。

會合土星：好學；善於閱讀；唯物主義；唯利是圖；有利於獲益；積累金錢；財產和遺產伴隨著爭執；儘管會有家庭糾紛但仍有利於婚姻；長子可能在其早年時受苦。

老人星（Canopus）：虔誠；保守主義；廣泛而全面的知識；航海及教育工作；改邪歸正。

在天頂：在年老的牧師或具有影響力的人幫助下，擁有巨大的榮耀、名望、財富、尊榮和權威。

會合太陽：家庭問題；父親或父母帶來的麻煩；經濟損失；發生事故的危險；燒傷和發燒；令人不快的生命終結。

會合月亮：在軍事上有成就的士兵；外科醫生或金屬製造工人。

會合水星：輕率；頑強；固執；善良；因演講或寫作不受歡迎的話題而招致批評；因家事、伴侶或法律而引起麻煩和損失。

會合金星：情緒化；敏感；固執；強烈的熱情；落入陰謀而引起醜聞，導致名譽受損；公開的恥辱；不利於收益。

會合火星：殘酷；脾氣暴躁；羨慕；嫉妒。

會合木星：非常自豪；將宗教信仰用於商業目的；航行；榮譽和晉升，但因公眾不滿而蒙羞。

會合土星：不滿足；對玄秘事物的興趣；不利於聲譽和家庭事務；名望不高但可能會帶來益處。

五車二（Capella；小山羊）：榮譽；財富；聲望；備受信任的公職；知名的朋友；小心謹慎；謙虛；好奇；非常喜好知識，特別是新穎的事物。

在天頂：軍事、海軍或教會方面的聯繫及升遷。假如還會合太陽、月亮或木星：運氣充裕和巨大的光榮。

會合太陽：動搖；善變；多嘴；說話急速；被誤解和批評；軍事榮譽及財富。

會合月亮：好奇；多嘴；言語失檢；諷刺；吵架；經常旅行及航海；家庭不和諧；不利於視力；容易發生事故。

會合水星：不愉快的經歷；因寫作而產生的法律訴訟；歷經艱辛後的成功。

會合金星：文學和詩歌方面的才華；不利於收益。

會合火星：知識分子；博學多才；有才能卻浪費在低階的學習上。

會合木星：與法律或教會的聯繫；誹謗和批評；熱情或熱心；經常航行；與親戚產生的麻煩。

會合土星：精明；整潔；奢侈；許多不良習慣；賺許多錢卻不儲蓄；異性和家庭帶來的麻煩；晚年健康狀況極差，且上肢、下肢或視力有損傷，行動能力受到限制。

太微左垣二（Caphir；贖罪的機會，順從的人）：有禮貌；舉止優雅；可愛的性格，具有預言能力。

會合太陽：參與陰謀詭計；短暫的困難令當事人不快。

會合月亮：受歡迎；生意帶來的憂慮；家庭不和及離婚；健康狀況不佳。

會合水星：法律困擾；批評；許多憂慮，能被克服的商業困難；健康欠佳；失去同事的尊重。

會合金星：不利於收益；因熱戀而產生許多醜聞。

會合火星：因訴訟、火災或暴風雨造成的損失；異性、婚姻伴侶和公眾帶來的麻煩。

會合木星：因法律事務或教會而遇上麻煩；遺產糾紛；家庭不和諧；陷入陰謀詭計及隨之而來的醜聞。

會合土星：機智；好學；早年家庭有麻煩；容易因他人犯罪而入獄或處以死刑，尤其在第十二宮；因朋友和親戚的陰謀而受苦；家庭不和；孩子易生病；家庭破裂；死於監獄。

天船二（Capulus；珀耳修斯的劍柄）：失明；視力不良。

北河二（Castor；尚未到來的統治者）：傑出；敏銳聰慧；法律及出版方面的成就；經常旅行；愛好馬匹；突如其來的名譽和榮耀，但隨後會失去幸運及受到恥辱；疾病；麻煩；巨大苦難；頑皮；暴力傾向。

會合太陽：在玄秘事物方面具有聲望；處理政府的外交事務；嚴重事故；打擊；刺傷；槍擊；沉船；臉部受傷；失明；疾病；嚴重發熱；邪惡的天性；施行或遭受強姦和謀殺；監禁；驅逐；斬首。

會合月亮：膽小；敏感；缺乏自信；對玄秘事物的興趣及超自然能力；失明；面部受傷；蒙羞；刺傷；傷口；入獄。

會合水星：因非凡的超自然力量而引起批評和嘲笑，但最終會突圍

而出；不利於收益。

會合金星：奇怪異常的生活；起伏不定；不利於婚姻。

會合火星：邪惡的天性；經常旅行；漫無目的的生活；起伏不定。

會合木星：對哲學和神秘學的興趣；因法律、投機和旅行而損失；司法判決引起的危險。

會合土星：膽小；不信任；古怪；獨一無二的想法但難以表達；當作家勝於演講者；相當強大的智力；熱衷於細節；對大眾意見持偏見；不利於婚姻；特殊的家庭情況；子女早年生病；透過努力而在晚期有所收穫。

疊壁陣二（Castra）：破壞性；惡意；失控的脾氣。

獵犬座渦狀星系（Copula）：有利於人際關係；強烈的激情；失明；視力不佳；障礙；失望。

牛宿一（Dabih）

會合太陽：內向；猜疑；不信任；因朋友而損失；受到信任及具有權威的公共職位。

會合月亮：商業上的成功，但在嫌疑下退隱；有利於健康；具有影響力的職位，但幾乎無法實現野心；因異性惹麻煩；應受批評和指責。

會合水星：內向；可疑；嫉妒；自我中心；在公共事務或公司中有突出的位置；有利於收益；不利於家庭事務；特殊的家庭環境。

會合金星：秘密戀情；悲傷和失望；容易誤入歧途；女性的仇恨。

會合火星：野心勃勃；精力旺盛；地位高但有逆轉的風險；家庭

不睦。

會合木星：虛偽；不誠實；法律或教會上的高位晉升，但最終會受恥辱。

會合土星：憂鬱；好學；不安和緊張；隱居；作家；以吝嗇的方式積累財富；經常獨自生活；如果已婚則有分居和離婚的危險；被深深的悲傷籠罩；長壽。

右旗三（Deneb Okab；老鷹之尾）：指揮能力；自由；戰爭中的成功；仁慈。

天津四（Deneb／Adige；天鵝之尾）：聰明才智；天賦獨到；學習快速。

壘壁陣四（Deneb Algedi；摩羯之尾）：仁慈和破壞性；悲傷和幸福；生與死。

在天頂：借助年老牧師或具有影響力的人，獲得巨大的榮耀、名望、財富、尊貴和權威。

會合太陽：因不真誠的朋友而遭受損失；身居高位但最終受恥辱和被毀滅；金錢或財產上的損失；疾病；因孩子而擔心。

會合月亮：在任何事上遭遇巨大的困難；忍耐並辛勤工作有所成就，但最終失去地位。

會合水星：憂鬱；安靜；孤獨；不修邊幅或衣衫襤褸；學習自然、科學或哲學；誘捕動物、爬行類、蛇或有毒的甲蟲，但不會傷害到當事人。

會合金星：一些無法滿足的秘密慾望；家事或家庭困難。

會合火星：敵人帶來的危險；事故；伴隨大量爭執的榮譽和晉升，但最終受恥辱；劇烈死亡。

會合木星：隱秘的願望落得失望下場；不真誠的朋友；因法律、教會和親戚而遭受損失。

會合土星：對動物或有毒的爬行動物有強大的支配力；對學習毫無興趣；了解大自然的許多秘密；恐懼；令人討厭的外表和生活；不利於收益和結婚；在年輕時與父母分離或雙親死亡；臨終時與世隔絕。

五帝座一（Denebola，獅子之尾）：敏捷的判斷力；絕望；遺憾；公眾恥辱；大自然帶來的不幸；愉悅終成憤怒；高貴；大膽；自制；慷慨；忙於他人的事務。

在上升：財富；晉升和好運，但因自己的愚昧而伴隨著許多危險和憂慮；好處難以持久；麻煩和疾病。

會合太陽：伴隨危險的榮譽和晉升；遭公眾羞辱，最終身敗名裂；疾病；發燒；酸蝕；急性疾病；自殺而死。

會合月亮：在平民百姓中獲得榮譽和晉升，但最終卻蒙羞和身敗名裂；重要器官的嚴重疾病；失明和眼睛受傷；事故；因僕人造成的損失；家庭糾紛；與配偶的短暫分離。

會合水星：因代理人、僕人或寫作而造成大量損失；不利於收益；因惡性或傳染性疾病而失去一位家庭成員。

會合金星：強烈的激情；在生活早期誤入歧途；在愛情中淪陷。

會合火星：痛苦；報復心；殘忍；不受歡迎；失去地位及受公眾恥辱。

會合木星：驕傲；虛偽；失望的生活；出國或親屬帶來的麻煩；秘密敵人；有入獄或死刑的危險。

會合土星：愛批評；總是抱怨；很多敵人；因僕人和小偷而遭受損失；不幸的生活；家庭的悲傷；痛苦的妻子；精神不健全或畸形的孩子。

土司空（Difda，也稱為 Deneb Kaitos；鯨魚之尾）：以暴力自我毀滅；疾病；恥辱；不幸；強制改變。

會合太陽：精神障礙；敏銳地感覺到某些損失；燒傷、燙傷和割傷之類的事故。

會合月亮：先驅；魯莽；固執；脾氣暴躁；眾多爭吵；不利於收益和商業。

會合水星：活躍的思維；積極參與公益事務的作家或演說家；致力於制定有利社會的法律；有利於社會事務。

會合金星：內向；熱情；許多秘密戀情。

會合火星：熱情；暴力；容易發生事故和頭部傷害；發燒；因自身行為遭受羞辱和毀滅。

會合木星：在法律或教會中身居高位，但有逆轉的危險；被秘密敵人背叛；因投機而蒙受損失。

會合土星：不潔的思想；擔憂；秘密的不法行為；不和諧的環境。

井宿一（Dirah）：力量；能量；權力；保護。

秦一（Dorsum）：不幸；若會合火星或太陽，則會被有毒生物咬傷。

五車五（El Nath；用角頂撞）：幸運；卓越；面對善惡的中立。

會合太陽：在教會中晉升；通過科學、宗教或哲學獲得榮譽。

會合月亮：與多疑的同事爭吵；商業成就；因妻子、伴侶或親戚造成的不利環境。

會合水星：受上級青睞，但需面對同事的敵意；晉升至高職位或改變職業；有利於獲益，卻有許多微小損失；家庭開支；不得不照顧病人。

會合金星：有利於收益；不帶傷害力的敵人。

會合火星：傑出的律師、演講者和辯論者；機靈。

會合木星：在法律和教會事務上的成就；有利於獲益和繼承。

會合土星：謹慎；設想周到；脾氣暴躁；積蓄金錢；有利於內政或家庭事務；通過親戚獲取利益；可以通過遺產找到生活的起點。

獵戶座大星雲（Ensis）：失明；視力不良；眼睛受傷；疾病和劇烈死亡。

人馬座球形星團（Facies）：失明；視力不良；疾病；事故；劇烈死亡。

北落師門（Fomalhaut；魚嘴）：非常幸運且強大，卻引起崇高領域或人物的敵意；從物質形式轉變為精神形式的表達。

在上升或天頂：偉大而持久的榮譽。

會合太陽：放蕩；容易受低階的伙伴影響；不事生產，靠他人遺產贈予為生；可能會遭罪行所害；被有毒生物咬傷的危險。

會合月亮：秘密的商業活動引發許多麻煩和敵人，但最終會在困難後獲益。

會合水星：許多損失和失望；商業上的不幸；當僕人比當主人更好；撰寫或接收秘密信件；因受誹謗而擔憂；監禁或聲譽受損；家庭困難；土星類的疾病。

會合金星：秘密的熱戀；生活中的一些限制；失望；容易誤入歧途。

會合火星：惡毒；熱情；報仇；許多秘密的敵人；易被羞辱和毀滅；被有毒動物咬傷的危險。

會合木星：富有同情心；仁慈；在教會、共濟會或秘密社團中的榮譽；多次航行。

會合土星：意外；影響肺部、喉嚨和腳的疾病；因敵人而遭受損失；水星型事務；朋友；樂隊和公司；不正當的指控；晚節不保；猝死；被家人剝奪其權利。

海山二（Foramen）：危險；尊嚴；虔誠；實用性及貪婪；對眼睛造成的危險。

會合太陽：沉船的危險。

牛宿二（Giedi）：仁慈；犧牲和奉獻。

會合太陽：奇異的事件；意外的損失和收穫；有時會帶來巨大的好運。

會合月亮：特殊而出乎意料的事件；古怪；受公眾批評；有影響力的新朋友；寶貴的禮物；喜愛受人尊敬的女人，卻困難重重，有時會發生柏拉圖式的婚姻。

會合水星：浪漫；具有超自然能力；動搖不定；不利於獲益；經常戀愛，當中某些事會導致聲名狼藉；可能與已婚人士私奔。

會合金星：許多奇怪和意外的事件；奇異和浪漫的婚姻；可能因秘密政府或政治原因而跟伴侶分離多年，甚至是當事人也不知道的原因。

會合火星：唐突；進取；備受批評；受到大眾關注。

會合木星：政府職位；在法律或教堂上中晉升；在國外結婚；有利於收益和繼承。

會合土星：天才，但因某些情況而被壓抑；特殊和隱秘的早期環境；母親出行時在陌生環境中出生；在不同的情境中，死裡逃生；很少會結婚；不利於收入。

房宿四（Graffias）：極端的惡意；無情；殘酷；排斥；怨恨；盜竊；犯罪；瘟疫和傳染性疾病。

在上升：財富和晉升伴隨著危險；暴力；疾病；好處很少長久。

會合太陽：唯物主義；思想太活躍；教會中遇上困難；健康不良；跟會合上升有類似影響。

會合月亮：巨大的權力；榮譽；財富；天賦；難以獲得遺產；唯物主義；對不受歡迎的想法感興趣；受批評；經歷許多困難後獲得成功；跟會合上升有類似影響。

會合水星：頭腦呆滯；表達困難或言語缺陷；天賦；難以獲得遺產，但最終獲得成功。

會合金星：不誠實；唯利是圖；精力充沛；有實力；有利於獲益。

會合火星：運動；過度勞累；極端；活躍的思維；有利於金錢事務，但揮霍無度且有許多債務。

會合木星：虛偽；真實或虛假的宗教熱情；伴隨法律問題的遺產。

會合土星：謹慎；狡猾；唯利是圖；欺騙；不光榮；進取的思維；信奉宗教但虛偽；為家園感自豪；因火或水而損失；通過婚姻和伴侶關係獲益；少子；長壽。

婁宿三（Hamal；死亡的傷口，第二個角）：野蠻；暴力；殘酷；有預謀的犯罪。

會合太陽：揮霍；道德敗壞的朋友；損失；恥辱。

會合月亮：耐心；通過辛勤工作慢慢獲得成功；陷入愛情困境，但對婚姻有利；婚姻伴侶因生意或投機獲益。

會合水星：頭腦呆板；廣交朋友；強大決心；委婉；受到婚姻伴侶巨大的影響。

會合金星：英俊；安靜；羨慕；嫉妒；家庭問題；當事人或家人健康不良。

會合火星：暴力；犯罪傾向；有影響力的地位，但最終蒙羞和被毀滅。

會合木星：揮霍；虛偽；法律或教會上的晉升；因投機而損失。

會合土星：謹慎；周到；批判；諷刺；唯物論；對地質學或農業感興趣；家庭幸福；有利於收入。

天市右垣十一（Han）：麻煩、丟臉。

會合太陽：疾病；恥辱；毀滅。

會合月亮：恥辱；身敗名裂；射手座主管的部位產生疾病。

畢宿星團（Hyaden）：詳看畢宿四。

房宿三（Isidis）：突襲；惡意；不道德；無恥。

會合太陽：不道德；揮霍；低階的伙伴；諸多悲傷。

會合月亮：內向；可疑；不利於商業成就；丟臉；因馬匹及牛隻而損失。

會合水星：虛偽；邪惡的思想；低階的同伴；監禁；惡性疾病但有復元機會；犯罪；生活及出身的秘密；家庭不和諧。

會合金星：安靜；內向；嫉妒；自私；有利於收益。

會合火星：不道德；犯罪；暴力；惡劣的環境；突然或劇烈的死亡。

會合木星：欺騙；不誠實；揮霍；低階的同伴；有被監禁的危險。

會合土星：動搖；熱情；不良習慣；低階的伙伴；可能會被家庭拋棄；婚姻不愉快；心愛的孩子早逝；因肺病而死。

亢宿四（Khambalia；彎爪）：迅速；暴力；不可靠；多變；辯論的本性。

翼宿七（Labrum；聖杯）：理想主義；超自然力量；智力；雖由不光彩之事獲取名利，但淨化靈魂終獲救贖。

在上升：在教會中晉升；非常幸運。

尾宿九（Lesath；天蠍之螫）：危險；絕望；不道德；惡意；酸中毒。

建二（Manubrium）：失明；爆炸；火災；熾熱；英雄主義；勇氣；蔑視。

室宿一（Markab）：榮譽；財富；幸運；發燒帶來的危險；割傷；打擊；刺傷；火災；劇烈死亡。

在天頂：蒙羞；毀滅；劇烈死亡。

會合太陽：精力充沛；不幸；短暫的軍事榮譽；失望的野心；事故；疾病。

會合月亮：敵人帶來的傷害；不利於收益和家庭事務；健康尚可，但有許多事故。

會合水星：頭腦好；魯莽而固執；講話快；外交；有能力的作家；受批評；朋友變敵人；不利於獲益。

會合金星：道德敗壞的朋友；酗酒和其他放肆行為；不利於收益。

會合火星：爭吵；暴力；因水星型事務而出現許多困難和損失。

會合木星：因法律事務而造成麻煩和損失；受司法判決、放逐或流放的危險。

會合土星：出生於貧窮、監獄或庇護所；可能被遺棄；生活艱苦；因犯罪而入獄；很少朋友；不利於家庭事務；死亡時的環境與出生時相同。

天社五（Markeb）：虔誠；見識淵博；教育工作；航行。

在上升：與木星人和土星人一起進行有益的旅程，雖然當事人嚴肅謹慎，仍遭受很大傷害，但最終化險為夷。

五車三（Menkalinan；馬車夫的肩膀）：毀滅；恥辱；劇烈死亡。

天囷一（Menkar）：疾病；恥辱；毀滅；被野獸傷害；疾病；財富

損失。

在上升：遺產繼承伴隨著不幸的事件。

在天頂：恥辱；毀滅；牛和大型野獸帶來的危險。

會合太陽：重大困擾；疾病；咽喉疾病；遺產繼承伴隨著不幸的事件；金錢損失；農作物欠收。

會合月亮：精神焦慮；對庸俗大眾的仇恨；對女性懷有敵意；小偷帶來的危險；當事人和家庭患病；失去伴侶或近親；吵架；法律損失；遺產繼承伴隨著不幸的事件。

會合水星：寫作困難；償還貸款的困難；不利於收益；對配偶或親屬不利；農作物受毀。

會合金星：強烈以及不受控制的激情；嫉妒；家庭不和諧和暫時分居；伴侶健康不良。

會合火星：道德敗壞的朋友；不道德；暴力；謀殺；慘烈死亡。

會合木星：欺騙；不誠實；流浪生活；監禁；放逐；司法判決。

會合土星：唯利是圖；自私；令他人不快；多病；不利收益。

參宿三（Mintaka；腰帶）：幸運。

會合太陽：謹慎；慎重；多變。

會合月亮：活躍；敏銳；具有商業觸覺；受到大眾關注；許多敵人；商業上更加成功。

會合水星：好學；喜歡隱居；審慎和不變的思維；與親戚少有共

識，或出現分歧；不利於收益。

會合金星：受到大眾關注；仇視女性；愛情上的失望。

會合火星：精力充沛；頭腦敏捷；善於演講和辯論；吵架；熱情。

會合木星：在法律或教會中的崇高地位；勤奮好學和哲學思維；通過繼承而獲益。

會合土星：遠見；勤奮好學；善於判斷人的本性；超自然；家庭不和諧；家人患病。

奎宿九（Mirach；仙女的腰帶）：美麗；聰明的頭腦；愛家；極大的奉獻；仁慈；寬恕；愛；用慈愛克服；名望；婚姻中的好運。

會合太陽：因異性帶來麻煩；不似期望中的結果，但在其他方面獲益。

會合月亮：因輕率行為而跟異性產生麻煩；對家庭事務不利；因軍事而獲得榮譽。

會合水星：動盪；不穩定；奇異事件；經常旅行和變動；微小成就。

會合金星：性感；道德不良；醜聞；酗酒或晚年服用毒品。

會合火星：沒禮貌；喧鬧；道德敗壞的朋友；可能成為流浪漢。

會合木星：來自女性的幫助；醜聞的風險；經常旅行；法律或教會帶來的困難。

會合土星：強烈的激情；放蕩；機械天才；誤用的才華。

壘壁陣三（Nashira）：戰勝邪惡力量的支配，之後轉向成功；野獸

帶來的危險。

氐宿四（North scale；對等的代價）：好運；雄心勃勃；仁慈；榮譽；財富；永久的幸福。

在天頂或上升：榮譽；晉升；好運。

會合太陽：好運；位高權重；短暫的困難，但最終顯現出有利。

會合月亮：思維活躍；組織能力；通過新聞和具有影響力的朋友而受益；有價值的禮物；利用朋友的名字來斂財，但事情能以和解收場；崇高的地位；被值得尊敬的女性所喜愛。

會合水星：活躍；機敏；獲有影響力的人所青睞；良好職位；大量支出；透過寫作獲益。

會合金星：社會成就；女性的幫助；有利於愛情和婚姻。

會合火星：雄心勃勃；通過活力取得成功；具影響力的地位；有說服力的作家和演說家。

會合木星：哲學思維；教會或法律上晉升；有能力的作家或演說家；有影響力的朋友。

會合土星：謹慎；內向；好學；節儉；分析；出色的化學家或偵探；對人性有良好判斷力；早期損失無法完全恢復；有利於收益和家庭事務；嬰兒期發作的兒童疾病。

牛宿四（Oculus；山羊之眼）：會合水星：聰明及洞察力。

斗宿四（Pelagus）：誠實；樂觀；宗教信仰。

會合太陽：有影響力的公共職位；有利於內政和家庭事務。

會合月亮：撰寫科學、哲學、教育或農業主題的成功作家；宗教中的非正統觀念；打敗敵人；廣結朋友；土星類型的疾病。

會合水星：在政府機構中位高權重；公眾批評；財富；對妻子或母親患病的焦慮。

會合金星：感情大於理性；異性的青睞；廣結朋友。

會合火星：含蓄；外交；堅強；勇敢；精力充沛；坦率；不真誠的朋友；有利於收益。

會合木星：外交；哲學思想；作家；教會或法律上的晉升。

會合土星：體貼；含蓄；自我中心；成功在 50 歲之後才來；被敵人挫敗的野心；蒙羞的危險；臨終時的財富；給父母帶來麻煩；生命後期的良好婚姻；通常至少有一個孩子。

丈人一（Phact）：仁慈；充滿希望；幸運。

昴宿星團（Pleiades）：荒唐；野心勃勃；動盪；旅途與航行；在農業上的成就，以及通過活躍的智力而成功；失明；恥辱；劇烈死亡；邪惡；失望。

在上升：失明；眼睛疾病；眼睛和臉部受傷；恥辱；傷口；刺傷；流亡；監禁；疾病；嚴重發燒；爭吵；強烈的慾望；軍事上的晉升。

在天頂：恥辱；毀滅；劇烈死亡；如果合相於發光體：軍事上的成就。

會合太陽：咽喉疾病；慢性粘膜炎；失明；視力不良；面部受傷；疾病；恥辱；邪惡的天性；謀殺；監禁；瘟疫致死；打擊；刺傷；槍擊；斬首或沉船。

會合月亮：面部受傷；疾病；不幸；傷口；刺傷；羞辱；監禁；失明；視力不良。

會合水星：許多令人失望的事情；財產損失；法律事務造成的大量損失；企業倒閉；子女帶來的麻煩。

會合金星：不道德；強烈的激情；因女性而蒙羞；疾病；失去財富。

會合火星：頭部發生許多意外事故；火災造成的損失和痛苦。

會合木星：欺騙；虛偽；法律和教會帶來的麻煩；因親戚而遭受損失；放逐或監禁。

會合土星：謹慎；多病；腫瘤；家族慢性病；大量損失。

勾陳一（Polaris；北極星）：許多疾病；麻煩；失去運氣；恥辱和極大的折磨；遺產繼承伴隨著不幸的事件。

會合太陽：很多麻煩和不幸。

會合月亮：仇恨百姓；女性的敵意；遭遇小偷的危險。

斗宿三（Polis）：成功；雄心壯志；軍事上的野心；馬術；敏銳的感知力和統領能力。

北河三（Pollux；海克力士）：巧妙；狡猾；生氣勃勃；勇敢；大膽；殘酷和急躁的天性；熱愛拳擊；威嚴；惡意；毒藥。

在上升：眼睛不好；失明；臉部受傷；疾病；傷口；監禁；短暫的榮譽和晉升。

在天頂：榮譽和晉升，但有蒙羞和被毀滅的危險。

　　會合太陽：對玄秘事物及哲學的興趣；打擊；刺傷；嚴重事故；射擊；沉船；謀殺；嚴重患病和疾病；發燒；影響胃部的疾病；邪惡的天性；財富和榮譽，但最終會破產；失明；頭部和臉部受傷；吵架；強姦；放逐；貪污；劇烈死亡；斬首。

　　會合月亮：對庸俗大眾的仇恨；對女性的惡意；遭遇盜賊的危險；劇烈死亡；權力；自尊心；疾病；災難；傷口；監禁；面部受傷；視力不良；失明。

　　會合水星：精神錯亂；不受歡迎的特殊職業；因親戚或敵人而跟父親產生麻煩；家庭不和睦；焦慮；因土地、財產和採礦而造成的損失。

　　會合金星：強烈而無節制的激情；如果是女性，有被誘惑的危險；因女性而遭受損失；中毒的危險。

　　會合火星：暴力；謀殺；崇高地位但最終會被毀滅；由因窒息、溺水或被暗殺而劇烈慘亡，尤其在同時合相月亮的情況下。

　　會合木星：法律損失；位高權重，但有蒙羞的危險；親戚帶來的麻煩；放逐；監禁。

　　會合土星：脾氣暴躁；苦澀；諷刺；失去手臂或腿；失去父母或因繼父母而造成麻煩；朋友相助；缺乏教育；因從事與馬匹或大型動物相關的工作而突然死亡。

　　鬼宿星團（Praesepe；積屍氣；馬槽；蜂巢；與驢子星一起被稱為「巨蟹座的雲狀斑點」）：疾病；失明；恥辱；冒險；傲慢；放蕩；野蠻；工業；生育能力；流血；損失；戰鬥。

　　在上升：失明，尤其是左眼；眼炎；臉部受傷；疾病；嚴重發熱；臉部和手臂的傷口；刺傷；強烈的性慾；監禁；流放。

在天頂：恥辱；毀滅；劇烈慘死。

會合太陽：邪惡的天性；謀殺；打擊；刺傷；嚴重事故；射擊；沉船；處決；放逐；監禁；急劇的疾病；發燒；出血；訴訟；因火、鐵或石塊死亡的危險；臉部受傷；傷口；眼睛不健康。

會合月亮：刺傷；傷口；臉部受傷；疾病；失明；眼睛受傷。

畢宿四（Prima Hyadum；畢宿星團的首領）：眼淚；突發事件；暴力；凶殘；中毒；失明，傷口；頭部因工具、武器或發燒而受傷；命運的矛盾；失望。

在上升：失明；眼睛不健康；臉部受傷；傷口；刺傷；入獄。

在天頂：恥辱；毀滅；暴力死亡。

與其中一顆發光體會合在天頂或上升：軍事領袖。

會合太陽：邪惡的天性；心煩意亂；學習上的失敗；思維混亂；不幸；謀殺；因被毆打、刺傷、射擊或沉船而死亡。

會合月亮：機智；公平辦事的能力；與寫作有關的困難；可能會偽造僱主或朋友的名字，但最終能逃過懲罰並保留職位；容易生病和受恥辱；有失明或眼睛受傷的危險。

會合水星：頭腦敏捷；惱怒；脾氣暴躁；因微小的麻煩而耿耿於懷；有利於收益。

會合金星：大量成就；藝術、寫作和繪畫能力；能影響工作的強烈熱情。

會合火星：出其不意；勇敢；進取；無懼；缺乏專注力。

會合木星：雄心勃勃；不誠實；法律困難；與親戚吵架；司法判決。

會合土星：謹慎；具有遠見；興趣寬泛無定向的閱讀者；科學；成功，但很少聲望；親戚帶來的憂慮和煩惱。

七公七（Princeps；王子）：熱心學習和高深的思維；研究能力。

在上升：伴隨麻煩的好運；因自己的冒失而非環境引起的不滿和恐懼。

南河三（Procyon）：活躍；暴力；突然和猛烈的惡意；因努力而突然晉升，提拔後以災難結束；被狗咬及患恐水症的危險；脾氣暴躁；粗俗；輕浮；虛弱；膽小；不幸；驕傲；容易生氣；粗心大意；暴力。

在上升：狡猾；詭計多端；掩飾；因暴力和強取而致富；情慾；揮霍；浪費和毀滅；軍事上的晉升；爭吵；因貿易或僕人而損失。

會合太陽：獲得朋友大力相助；如果沒有受刑剋，可獲得禮物和遺產。

會合月亮：對玄秘事物的興趣；焦躁不安，不會長留在一個地方；與朋友、合作夥伴和僱主爭吵。

會合水星：對玄秘事物的興趣；在政府中擔任次要的管理職位；因異性而引起的麻煩和醜聞；有利於健康和收益。

會合金星：從具有影響力的朋友身上得到很多好處；與教會有聯繫；有利於收入。

會合火星：殘忍；暴力；醜聞；誹謗；恥辱；毀滅；被狗咬的危險。

會合木星：經常旅行；因親戚、教堂或法律而遇上麻煩；得到朋友

的幫助。

會合土星：良好的判斷力；獲信任的高職位；通常與土地有關；可能會被老年夫婦所領養，從而獲得豐厚的遺產；受益於年長的朋友；身體健康；家庭和睦；與地位更高的人士結婚。

五諸侯三（Propus）：強壯；卓越；成功。

候（Rasalhague；毒蛇之首）：因女人而不幸；變態的品味；精神上的墮落。

會合太陽：內向；體貼；好學；疑心；孤獨；在體育界享有盛譽；少量財富；罔顧輿論。

會合月亮：在宗教事務上很傑出；有利於收益。

會合水星：不受歡迎的態度；因宗教、哲學或科學而受到批評；婚姻中的困難和爭吵；被收養；異性帶來的麻煩；不太有利於收益。

會合金星：頭腦靈活；良好教育；謹慎；秘密；疑心；不利於收益。

會合火星：因寫作而引起麻煩；與宗教、科學或哲學相關的公開譴責；不利於收益。

會合木星：外交；宗教或法律上獲得晉升，但也受到批評；有利於獲益。

會合土星：自私；不受歡迎；堅定；固執己見；成功；有點不誠實；因嫉妒而導致家庭不和諧；婚姻伴侶可能不受法律認可；喪失水星的特質。

天棓三（Rastaban）：財產損失；暴力；犯罪傾向；事故。

會合月亮：失明；爭吵；瘀傷；刺傷；打擊和被馬踢傷。

軒轅十四（Regulus；獅子之心；小國王）：暴力；破壞性；短暫的軍事榮譽，最終失敗收場；入獄；劇烈慘死；巨大的成功；崇高的理想和高昂的精神；寬宏大量；自由開明；慷慨；雄心勃勃；熱愛權力；渴望指揮；生氣勃勃；獨立。

在上升：巨大的榮譽和財富，但伴隨暴力和麻煩；疾病；發燒；急性疾病；好處很少持久；大勝敵方；醜聞。

在天頂：榮譽；晉升；好運；在政府中的高位；軍事上的成功；假如也會合木星、太陽或月亮：偉大的榮譽；豐厚的財富。

會合太陽：權力；權威；對朋友具有重大影響力；榮譽和財富，但伴隨暴力及麻煩，最終被羞辱和毀滅；疾病；發燒；好處很少持續。

會合月亮：對玄秘事物的興趣；強大的朋友；敵人和不真誠的朋友帶來的危險；通過投機獲益；公眾知名度；強大的權力；榮譽；財富；好處很少持續；暴力；麻煩；疾病；生氣勃勃；獨立。

會合水星：光榮；公正；受歡迎；慷慨；被敵人虐待；成名；通過高職位獲益。

會合金星：許多失望；意外事件；情感關係中對暴力的依戀；因愛情引起的麻煩。

會合火星：榮譽；名望；強悍的性格；公眾知名度；高級的軍事指揮。

會合木星：名望；晉升，特別是軍事方面；在教會中獲得成功。

會合土星：公正；當神職人員的朋友；教會或法律上的成功；學

術；財富；通過投機、伙伴或朋友而獲益；為家庭和家族感到驕傲；身體健康；生命末期時的心臟問題；如果在尖軸：公眾榮譽及信用。

參宿七（Rigel；獵戶座之足）：仁慈；財富；幸福；榮耀；名望；創造力或機械方面的才能。

在上升：好運；晉升；財富；偉大而持久的榮譽。

在天頂：在軍事或教會上的大晉升；憤怒；煩惱；寬宏大量；因勞動和精神焦慮而大量獲益，持久的榮譽。

會合太陽：大膽；勇敢；狂妄；脾氣暴躁；行動倉促；流血：敵人眾多；巨大的幸運；軍事成功。

會合月亮：很多憂慮和失望；對生命和財富的傷害；疾病；得不到好處；健康欠佳；妻子或母親的死亡。

會合水星：在水星事務或科學中的重要地位。

會合金星：在中年時的榮譽或順境；良好而有影響力的婚姻，尤其是女性。

會合火星：不守規矩；善於創新；專注於機械問題；巨大的軍事升遷。

會合木星：巨大的法律或教會晉升；多次旅行；得益於外交事務；對婚姻有利。

會合土星：得益於年長的人、神職人員和律師；公正；明辨；有利於遺產和繼承；家庭和諧；身體健康；長壽。

天市左垣十一（Sabik）：浪費；失去精力；反常的道德；在惡行中

取得成功。

會合太陽：真誠；高尚；對科學、宗教和哲學的興趣；非傳統；異端；勇氣；不利於收益。

會合月亮：秘密的仇恨和嫉妒；親戚帶來的麻煩；成功但不富裕；畜牧業的成功。

會合水星：公開的敵人帶來的傷害；少量來自朋友的幫助；生意失敗；有利可圖但有法律損失；因親戚或婚姻伴侶而引起的醜聞。

會合金星：音樂和藝術才華；不利於收益。

會合火星：非正統或異端的宗教見解，可能會引起麻煩；家庭和睦；因戀愛而引起麻煩；不利於收益。

會合木星：物質上的成功；在教堂或法律上的晉升，但會受到批評；通過大型動物獲益；親戚引起的麻煩。

會合土星：勤奮；百折不撓；節儉；強烈的激情；因某些失誤而造成麻煩，影響整體人生；戀愛中的麻煩和失望；女性朋友的秘密幫助，可能會導致醜聞；於人的後半生，在一些土象及射手座相關的事物上獲得成功。

危宿一（Sadalmelik）：迫害；訴訟；極端和突然的破壞；死刑。

會合太陽：對玄秘事物的興趣；在玄秘學方面很傑出；因伙伴而獲益。

會合月亮：在玄秘事物上很突出；在大公司中取得成功；有利於收益。

會合水星：對玄秘事物的興趣和研究；受到批評；有利於友誼；在大公司中取得成功；因僕人而受到損失。

會合金星：有利於調查玄秘事物；可以通過朋友而獲益。

會合火星：通過科學上的的發現或發明而聲名遠播；好處不會持久。

會合木星：教會中的成功；對玄秘事物的興趣；受到批評；敵人帶來的麻煩；因訴訟而損失。

會合土星：原創；創造力；超自然能力；謹慎；小心；務實；良好的判斷力；難以將想法或發明付諸實踐；通過伙伴獲利；在土象事物上的投機；妻子和子女的慢性病；有利於收益；長壽。

虛宿一（Sadalsuud）：煩擾；恥辱。

會合太陽：對玄秘事物的興趣；超自然能力；通過異性並涉及訴訟而獲得財富；家庭和睦。

會合月亮：通過玄秘事物獲得聲譽；尊重朋友；有利於獲利；特殊的家庭環境。

會合水星：社會上的成就；異性的青睞，但也有一些短暫的困難；因濫用職權而引退；因投機而突然損失；家庭的痛苦和麻煩。

會合金星：奇怪的事件；浪漫而奇特的婚姻，因政府和政治原因而導致分離。

會合火星：因玄秘事物而遇到困難；不利於收益。

會合木星：訴訟；物質和社會上的成功；婚姻困難，可以在國外結婚或與外國人結婚。

會合土星：敏銳；狡猾；不誠實；不道德；冷漠；無情；鐵石心腸；令榮耀的父輩蒙羞；對異性的魅惑力；許多陰謀而破壞家庭；因女性的報復而死亡。

室宿二（Scheat）：極端的不幸；謀殺；自殺；溺水。

會合太陽：對成功不利；因水和引擎而遇險；容易發生事故或溺水。

會合月亮：擔憂；因批評而失去及獲得朋友。

會合水星：大量事故以及死裡逃生，尤其在水中逃生；敵人眾多；因寫作而引起的麻煩；不利於健康和家庭事務。

會合金星：不幸的環境；因自己的行為而受苦；有被監禁和束縛的危險。

會合火星：大量事故；不利於收益；當事人和親戚患病。

會合木星：多次航行；因法律、親朋好友而損失；被監禁的危險。

會合土星：嬰兒期有死亡風險；不利於收益及享樂；家庭麻煩；感冒和肺病；溺水死亡或意外死亡。

招搖（Seginus）：莫明其妙的思維；無恥；因朋友和伙伴而損失。

會合月亮：通過間接手段獲得青睞，最後卻是恥辱和毀滅收場。

婁宿一（Sharatan）：身體受傷；不擇手段地取勝；因火災、戰爭或地震受破壞。

天市左垣九（Sinistra）：不道德；卑鄙；懶散的本性。

會合月亮：淫蕩；任性；臭名昭著；醜聞；沉迷於巫術及下毒。

天狼星（Sirius；天上的狼）：榮譽；聲譽；財富；熱情；忠誠；奉獻；熱情和憤恨；看守者；藝術或文化領域的責任人；守衛者；被狗咬傷的危險。

在天頂：政府的高級職務；享有豐厚的利潤和聲譽。

會合太陽：商業上的成就；與金屬或其他軍事相關的職業；家庭和睦；同時在天頂或上升：受到國王的偏愛。

會合月亮：商業上的成就；有影響力的異性朋友；對父親有利；身體健康；對家庭或生意的有利改變。

會合水星：巨大的商業成就；獲得具有影響力的人幫助；不必要的擔憂；與教會有連繫；因意外而造成的身體缺陷。

會合金星：輕鬆；舒適；奢華；揮霍；因繼承而受益。

會合火星：勇敢；大方；軍事升遷；與金屬有關。

會合木星：商業上的成就；旅途；親戚的幫助；受到教會的青睞。

會合土星：穩定；內向；外交；公正；恆心；通過朋友獲得崇高地位；有利於家庭；禮物和遺產；家庭和睦。

羽林軍二十六（Skat）：好運；持久的幸福。

會合太陽：敏感；情緒化；通靈；因通靈而受批評和迫害，但得到朋友相助。

會合月亮：新朋友和具有影響力的朋友；受到大眾關注但低調；有價值的禮物；被受到尊敬的女性所愛。

會合水星：奇特的事件；對玄秘事物的興趣；通靈；很多朋友。

會合金星：通靈；對玄秘事物的興趣；異性朋友；有利於收益。

會合火星：精力充沛；通過鍛煉而進步；機械上的發現或才能。

會合木星：哲學；玄秘或宗教思維；社會成就；在共濟會中表現突出。

會合土星：因異性而遇到麻煩；多次旅行和奇特的冒險；突然的起伏；早婚，但可能會拋棄妻子或被拋棄；重婚；與孩子分開；沒有朋友幫助；在後半生不利於收益與健康；可能死於濟貧院、庇護所或醫院。

氐宿一（South Scale；不對等的代價；南方的鉗爪或秤）：惡意；阻礙；無情的天性；暴力；疾病；說謊；犯罪；恥辱；中毒的危險。

會合太陽：疾病；因生意、火災或投機而虧損；羞辱；毀滅；來自上級的不滿；因不當指控和家人的疾病而吃苦。

會合月亮：因異性引起麻煩；錯誤的指控；羞辱；毀滅；精神焦慮；失去親戚；經常失望；許多疾病；星座主管的身體部位出現疾病。

會合水星：狡猾；報仇；叛逆；思維敏捷；健康不良；不利於收益；丟臉；臨終時貧窮。

會合金星：不利於婚姻；突然死亡或秘密死亡，可能被嫉妒自己的同性下毒。

會合火星：痛苦的爭吵導致流血或死亡。

會合木星：虛偽；欺騙；不誠實；出於商業目的偽宗教熱情；入獄的危險。

會合土星：不光彩；常常逃脫法律的制裁，但最終受到懲罰；嫉

妒；脾氣暴躁；家庭不和諧；不利於婚姻、收益和遺產；慘死。

角宿一（Spica；室女座的麥穗）：成功；名望；財富；甜美的天性；對藝術和科學的熱愛；肆無忌憚；無果而終；對無辜者的不公。

在天頂或上升：無限的好運；財富；幸福；受到教會偏愛；出乎意料的榮譽，超越當事人希望或能力的發展。

會合太陽：持久且大幅度的升遷；傑出莊嚴；巨大的財富；為當事人的父母和孩子帶來極大幸福；來自牧師朋友的幫助；有利於法律或公共事務。

會合月亮：通過發明獲益；成功；財富和榮譽。

會合水星：整潔；整齊；聰明；創新；神職人員和權威人士的青睞；通過投資獲益；主管的職位。

會合金星：得益於朋友；社交上的成功；不真誠的同性朋友。

會合火星：受歡迎；社交上的成功；可能有良好的判斷力；快速決策；激烈的爭執；頑固。

會合木星：受歡迎；社交上的成功；財富；教會；榮譽和晉升。

會合土星：疑心重；敏銳或固執，但帶來很多好處；對玄秘事物的興趣；良好的演說者；受歡迎；有很多朋友；通過遺產獲益，但揮霍無度；身體健康；有利於家庭事務。

礁湖星雲（Spiculum）：失明。

鉞（Tejat）：暴力；驕傲；過度自信；無恥。

狗國四（Terebellum）：伴隨遺憾和恥辱的財富；狡猾；令人厭

惡；唯利是圖的本性；與預言有關的宿命事件。

天市右垣七（Unukalhai；巨蛇之心）：不道德；中毒；暴力；事故。

會合太陽：許多爭執和失望；不幸的生活；嚴重受到家人或朋友死亡的影響。

會合月亮：聰明；不良的環境；對權威的仇恨；捲入陰謀和秘密計劃；可能因投毒的罪行而被驅逐、監禁或受絞刑。

會合水星：不光彩；被指控偽造或盜竊文件；健康不良；死裡逃生；被有毒動物咬傷的危險。

會合金星：仇恨；嫉妒同性；不利於家事；有利於收益；秘密死亡，可能死於中毒。

會合火星：暴力；爭吵；說謊；犯罪；劇烈慘死，可能因中毒而死。

會合木星：虛偽；欺騙；放逐；監禁；流放。

會合土星：潛在的精神問題；吸毒者；投毒行為等隱秘的犯罪且往往無緣無故；精明；狡猾；機智；好學；很可能是醫生或護士；通常不婚；可能自殺或者被困於庇護所或監獄中。

奎宿增廿一（Vertex）：失明；眼睛受傷；疾病和劇烈慘死。

太微左垣四（Vindemiatrix；巫師的學徒）：虛假；丟臉；過早收割；偷竊；任性；愚蠢；喪偶；自大；高估自己能力；損害環境。

會合太陽：擔心；沮喪；不受歡迎；生意失敗；受到債主滋擾。

會合月亮：憂慮；許多失望；因法律、文書和盜竊而損失；健康不良；生意失敗。

會合水星：衝動；倉促草率；因寫作和商業活動而蒙受損失。

會合金星：因戀愛而遇上麻煩；失去朋友；醜聞的危險。

會合火星：魯莽；剛愎自用；輕率；精力充沛；因法律、商業活動以及朋友而遇上麻煩。

會合木星：因法律或教會而引起麻煩；大量批評；許多旅行。

會合土星：謹慎；體貼；內斂；唯物主義；在宗教上的虛偽；因投機蒙受損失；商業活動的成功；與婚姻伴侶不為人知的困難。

天樽二（Wasat）：暴力；惡意；破壞性；化學物質；毒藥；毒氣。

織女一（Vega；降落的禿鷲）：仁慈；理想主義；充滿希望；優雅；變化多端；莊重；冷靜；浮於表面的做作；好色。

會合太陽：批判；出其不意；內向；不受歡迎；短暫的榮譽；有影響力的職位；不真誠的朋友。

會合月亮：可能因偽造而出醜；因寫作而損失；健康欠佳；生意成功；因年金或養老金而獲益。

會合水星：疑心；內向；懷恨；受挫敗的野心；言行不符；有影響力的秘密敵人；與母親產生麻煩；生意失敗。

會合金星：鐵石心腸；冷漠；吝嗇；健康欠佳；醜陋；畸形。

會合火星：對科學的興趣；不受歡迎的意見；勇氣；有利於收益。

會合木星：因法律事務造成損失；有利於收益；有被監禁的危險。

會合土星：強烈的熱情；固執己見；原創；許多水星方面的困難；

聲譽受到不當指控；與上級的麻煩；家庭困難；即使有孩子也會非常少；後半生較順利；猝死。

天市右垣九（Yed Prior；蛇夫的左手）：不道德；無恥；革命。

太微左垣一（Zaniah）：優雅；榮譽；親和力；秩序；可愛的天性。

會合太陽：對教育和學習的興趣；受歡迎；社交上的成功；充滿愉悅；有利於婚姻。

會合月亮：憂慮；因法律和金星事務而蒙受損失；因寫作而引起麻煩；因同情而誤入歧途。

會合水星：音樂或藝術才華；寫作短篇小說而獲利；受歡迎；社交上的成就；擁有很多朋友，特別是異性朋友。

會合金星：學習能力高；音樂和藝術才華；熱愛交際；結交許多朋友；有利於收益。

會合火星：活躍；精力充沛；因訴訟而損失；因異性而惹麻煩。

會合木星：宗教和哲學思想；社交上的成就；許多朋友。

會合土星：冷靜；勤奮；有影響力的年長朋友；通過老年人、祖父母和婚姻獲益。

右執法（Zavijava）：仁慈；性格上的巨大影響力；強壯；好鬥的行動；破壞性。

太微右垣五（Zosma；獅子的背部）：不正當利益；自私；自我中心；不道德；吝嗇；憂鬱；精神上不愉快；恐懼症；不合理；無恥。

·•◆• 附錄 B：四十八個古典天文星座 •◆•·

在現代，尤其是十七及十八世紀，人們發現了許多新的天文星座，但從占星學而言，僅有四十八個真正的天文星座有其重要性，因為只有古典的天文星座才屬於神話故事的一部分。顯然我們可以忽略時鐘座、印刷室座、鹿豹座、輕氣球座及天爐座，而不會錯過任何需要的東西。

四十八個真正的天文星座中，包括位於黃道或其附近的十二個天文星座，它們與占星學上的黃道十二星座相對應。在第二章中已解釋，儘管黃道十二星座和黃道上的十二個天文星座具有相同名稱，兩者卻有很大區別。如果占星學能更清楚地表明這一重要區別，就不會產生如此多誤解，例如寶瓶座時代和「第十三個」星座蛇夫座。

除了十二個黃道天文星座外，在黃道以北還有二十一個天文星座具有明顯占星學意義，以斜體標示如下：

仙女座－天鷹座－御夫座－牧夫座－仙后座－仙王座－北冕座－天鵝座－海豚座－天龍座－小馬座－武仙座－天琴座－蛇夫座－飛馬座－英仙座－天箭座－巨蛇座－三角座－大熊座－小熊座

其中有十個北方的天文星座遠離黃道，或者光線太微弱，無法實際應用於占星學。海豚座是一種特殊情況，它通過月宿產生影響，而並非直接通過恆星產生作用（儘管有些作者提出了此天文星座應有的影響）。

此外還有十五個南方的天文星座：

天壇座－南船座－大犬座－小犬座－半人馬座－鯨魚座－南冕座－烏鴉座－巨爵座－波江座－長蛇座－天兔座－豺狼座－獵戶座－南魚座

這十五個天文星座中，有四個光線太微弱，無法在占星學上產生作用。在四十八個天文星座中，有三十三個在應用上是重要的。

—— •••• 附錄 C：阿拉伯月宿及其主星與區域 •••• ——

　　阿拉伯——西洋月宿的資料有限，所以第五章所介紹的「半吠陀系統」更為實用。以下列出了 28 個不均等的阿拉伯月宿，它們於黃道上的度數（在 2000 年）以及其主管恆星。

Al Sharatain：金牛座 3° 至 18°——婁宿一／婁宿二（公羊之角）

Al Butain：金牛座 18° 至 29°——天陰四（Botein，公羊之尾）

Al Thuraiya：金牛座 29° 至雙子座 10°——昴宿星團

Al Dabaran：雙子座 10° 至 24°——畢宿五（公牛之眼）

Al Haqa：雙子座 24° 至巨蟹座 9°——觜宿一（Meissa，獵戶座的頭）

Al Hana：巨蟹座 9° 至 20°——井宿三（雙子之足）

Al Dhira：巨蟹座 20° 至獅子座 7°——北河二

Al Natrah：獅子座 7° 至 18°——鬼宿星團

Al Tarf：獅子座 18° 至 28°——柳宿增十（Al Tarf，在獅子座）

Al Jabbah：獅子座 28° 至處女座 12°——軒轅十四／軒轅十三／軒轅十一

Al Zubrah：處女座 12° 至 22°——太微右垣五／西次相（獅子的背部）

Al Sarfah：處女座 22° 至 27°——五帝座一（獅子之尾）

Al Awwa：處女座 27° 至天秤座 24°——右執法（室女座的胸部及翅膀）

Al Simak：天秤座 24° 至天蠍座 4°——角宿一

Al Ghafr：天蠍座 4° 至 15°——亢宿二（jota en kappa Virginis，在室女座）

Al Zubana：天蠍座 15° 至射手座 3°——天秤

Al Iklil：射手座 3° 至 10°——房宿四（Acrab）／房宿三（Dschubba）（天蠍之首）

Al Qalb：射手座 10° 至 24°——心宿二（天蠍之心）

Al Shaulah：射手座 24° 至摩羯座 13°——尾宿八（Shaula）／尾宿九（天蠍之螫）

Al Naaim：摩羯座 13° 至 16°——斗宿四（Nunki，弓、箭和人馬座前腿）

Al Baldah：摩羯座 16° 至水瓶座 4°——建三（Al Balda，人馬座的後半部）

Sa'd al Dhabhi：水瓶座 4° 至 12°——牛宿一（摩羯之眼）

Sa'd Bula：水瓶座 12° 至 23°——女宿一（Al Bali，斟酒人的左手）

Sa'd al Suud：水瓶座 23° 至雙魚座 4°——虛宿一（斟酒人的肩膀）

Sa'dal-Akhbiya：雙魚座 4° 至 23°——危宿一（斟酒人的右手）

Al Fargh al-Awwal：雙魚座 23° 至牡羊座 9°——室宿一（位於飛馬之翼）

Al Fargh al Thani：牡羊座 9° 至金牛座 0°——壁宿一／壁宿二（也位於飛馬之翼／仙女座）

Batn al Hut：金牛座 0° 至 3°——奎宿九（仙女的腰帶）

在此系統中，某些月宿的長度為 3°，有些則為 19°。因上述方式純粹以一顆（明亮的）恆星至另一顆（明亮的）恆星作為一個月宿的邊界。其主管恆星以及所屬的天文星座可視為解讀月宿的切入點，儘管相關的資料少之又少。

阿拉伯及吠陀系統之間儘管存有差異，卻有些相同之處，代表兩者有共同的起源。例如，兩個系統的起點或多或少地接近。在阿拉伯區間中，婁宿二——位於公羊角上，牡羊座第一個月宿的主星——可被視為起點，但如果將天文星座白羊座投射，那麼它的起始位置有些靠後，大致（我們無法在此追求真正的精確）位於牡羊座的末端（或多或少更靠近恆星黃道上的牡羊座 0°）。但比較阿拉伯和吠陀系統是很棘手的，因阿拉伯區間是以天文星座為基礎，所以會出現不均等的月宿。阿拉伯系統的看起來就像原始系統的一個嚴重損壞版本，而吠陀的月宿似乎保留得較貼近其起源。

在阿拉伯傳統中，還有另一個 28 個月宿的系統，每個月宿都有均等長度（12.51°），據說由回歸黃道的牡羊座 0° 開始。然而，這偏向被視為黃道十二星座的理論藍圖，而且歲差令你根本無法使用它——至少不能將牡羊座 0° 視作月宿系統的起點。歲差導致回歸黃道和恆星黃道之間日益分離，這具有重要的意義。其中一個古典的形而上學法則，指出

封閉系統是不可能存在的，所以並不會出現永恆的循環。沒有任何東西可以準確地重複，神聖的創造是無窮無盡的，歲差便表現了這一點。假如沒有歲差，事物最終會重複。「不包含恆星」的天球層（即黃道十二星座）和恆星的天球層，這兩者之間的差異，是形而上學中創世法則的一種顯現形式。

鑽研阿拉伯系統固然是個有趣的實驗，假如你嘗試研究，最好的選擇是以回歸黃道的金牛座 3.11° 為起點，即婁宿二的位置，並將每個月宿的長度定為 12.51°。那便可以將歲差納入其中，同時也保留古典的月宿區間。此長度均一的系統界線如下：

Al Sharatain：金牛座 3.11° 至 16.02°──婁宿一／婁宿二──公羊之角

Al Butain：金牛座 16.02° 至 28.53°──天陰四──公羊之尾

Al Thuraiya：金牛座 28.53° 至雙子座 11.45°──昴宿星團

Al Dabaran：雙子座 11.45° 至 24.36°──畢宿五（公牛之眼）

Al Haqa：雙子座 24.36° 至巨蟹座 7.28°──觜宿一（獵戶座之首）

Al Hana：巨蟹座 7.28° 至 20.19°──井宿三（雙子之腿）

Al Dhira：巨蟹座 20.19° 至獅子座 3.11°──北河二

Al Natrah：獅子座 3.11° 至 15.59°──鬼宿星團

Al Tarf：獅子座 15.59° 至 28.53°──柳宿增十（在獅子座）

Al Jabbah（軒轅十二）：獅子座 28.53° 至處女座 11.45°──軒轅

十四／軒轅十三／軒轅十一

Al Zubrah：處女座 11.45° 至 24.36°──太微右垣五／西次相
（Coxa，獅子的背部）

Al Sarfah：處女座 24.36° 至天秤座 7.28°──五帝座一（獅子
之尾）

Al Awwa：天秤座 7.28° 至 20.19°──右執法（室女座的胸部及
翅膀）

Al Simak：天秤座 20.19° 至天蠍座 3.11°──角宿一

Al Ghafr：天蠍座 3.11° 至 16.02°──亢宿二（在室女座）

Al Zubana：天蠍座 15° 至射手座 3°──天秤

Al Iklil：天蠍座 28.53° 至射手座 11.45°──房宿四／房宿三（天
蠍之首）

Al Qalb：射手座 11.45° 至 24.36°──心宿二（天蠍之心）

Al Shaulah：射手座 24.36° 至摩羯座 7.28°──尾宿八／尾宿九
（大蠍之螫）

Al Naaim：摩羯座 7.28° 至 20.19°──斗宿四（弓、箭和人馬座
前腿）

Al Baldah：摩羯座 20.19° 至水瓶座 3.11°──建三（人馬座的後
半部）

Sa'd al Dhabhi：水瓶座 3.11° 至 16.02°──牛宿一（摩羯之眼）

Sa'd Bula：水瓶座 16.02° 至 28.53°——女宿一（斟酒人的左手）

Sa'd al Suud：水瓶座 28.53° 至雙魚座 11.45°——虛宿一（斟酒人的肩膀）

Sa'dal-Akhbiya：雙魚座 11.45° 至 24.36°——危宿一（斟酒人的右手）

Al Fargh al-Awwal：雙魚座 24.36° 至牡羊座 7.28°——室宿一（位於飛馬之翼）

Al Fargh al Thani：牡羊座 7.28° 至 20.19°——壁宿一／壁宿二（也位於飛馬之翼／仙女座）

Batn al Hut：牡羊座 20.19° 至金牛座 3.11°——奎宿九（仙女的腰帶）

各式各樣的系統均表達了「黃道之塔」的太陽球層、星座、月亮層的月宿三者之間的關係。每個系統均強調了天文星座與黃道十二星座之關係的另一面向。不均等的月宿認為月宿邊界上的可見恆星比任何一切都重要，從牡羊座 0° 開始的 28 個月宿體系致力保存嚴謹的理論架構。均等的 28 個月宿由婁宿二開始，即公羊之角，在金牛座 3.11°，為這些極端選擇中最中庸的一個。它既可維持系統性，又不會忽略歲差現象。

參考書目

Al Biruni, Elements of the Art of Astrology (1029), Ascella, London, England, facsimile 1934.

Titus Burckhardt, Mystical Astrology according to Ibn 'Arabi, Fons Vitae, Louisville, USA, 2001.

____. Sacred Art in East and West, Fons Vitae, Louisville, USA, 2001.

John Frawley, The Horary Textbook, Apprentice Books, London, England, 2005.

____. The Real Astrology, Apprentice Books, London, England, 2000.

____. The Real Astrology Applied, Apprentice Books, London, England, 2002.

René Guénon, The Esoterism of Dante, Sophia Perennis, Hillsdale, USA, 2001.

____.The Great Triad, Sophia Perennis, Hillsdale, USA. 2004.

____. The King of the World, Sophia Perennis, Hillsdale, USA, 2001.

____. The Reign of Quantity and the Signs of the Times, Sophia Perennis, Hillsdale, USA, 2001

_____. Spiritual Authority & Temporal Power, Sophia Perennis, Hillsdale, USA, 2001.

_____. The Symbolism of the Cross, Sophia Perennis, Hillsdale, USA, 2001.

_____. Symbols of Sacred Science, Sophia Perennis, Hillsdale, USA, 2004.

_____. Traditional Forms and Cosmic Cycles, Sophia Perennis, Hillsdale, USA, 2001.

Wiliam Lilly, Christian Astrology, Book 3 (1647), Ascella, London, England, 2001.

Marcus Manilius, Astronomica, Book 5 (2nd century). Ptolemy, Tetrabiblos (2nd century), The Astrology Centre of America, Bel Air, USA, 2002.

Vivian Robson, The Fixed Stars and Constellations in Astrology (1923), Ascella, London, England, 2001.

Frithjof Schuon, The Transcendent Unity of Religion, Quest Books, Seattle, Verenigde Staten, 1993.

**Fixed Stars
in The Chart**

關於作者

奧斯卡‧霍夫曼（Oscar Hofman）居住於荷蘭霍爾克姆（Gorinchem），他實踐古典占星學的所有分支：醫療、本命、擇時、卜卦及世運占星。他創辦了古典占星國際學校（International School of Classical Astrology），提供完整的古典訓練課程（卜卦占星、擇時、本命、醫療及世運，以六種語言教學），學生來自世界各地三十多個國家。他到各地任教，尤其在東歐和德語國家，並接受來自多國客人的諮商。

他撰寫了多本著作，涉及古典醫學占星、恆星及古典卜卦占星，出版成六種語言，其中《古典醫學占星——元素的療愈》以及《星盤上的恆星——星座、月宿與神話》已由星空凝視文化事業翻譯並出版發行中文譯本。

Email: oshofman@xs4all.nl

Website (with a blog focusing on the fixed stars, in Dutch, French and English): www.pegasus-advies.com

Phone: 00-31-183-649405.